MINISTERIO PASTORAL: UNA GUÍA PRÁCTICA

POR

STAN TOLER

EDITORIAL PATMOS

Ministerio pastoral: una guía práctica

Publicado por Editorial Patmos,
Miami, FL EUA 33169

Publicado originalmente en inglés por Wesleyan Publishing House, P.O. Box 50434, Indianapolis, IN 46250-0434 con el título *Stan Toler's Practical Guide For Pastoral Ministry*.

Traducido por Luis M. Alvarez
Diseño de portada por Leonardo Francia
Diseño interior por Interpret The Spirit

ISBN 13: 978-158802-678-1

Categoría: Ministerio pastoral

Impreso en Brasil / Printed in Brazil

Contenido

Parte 5: La enseñanza 201

Parte 6: La comunicación 235

PREFACIO

Si usted está interesado en ser el mejor pastor posible, y en guiar a las personas a un nuevo nivel de excelencia en su andar con Cristo, este libro es para usted. Es un libro acerca de cómo llegar a ser un líder vibrante, apasionado y efectivo en el ministerio. Tiene que ver con ganar campeonatos, no con simplemente jugarlos. Estas páginas constituyen una síntesis de las muchas lecciones que he aprendido en el calor del combate del ministerio.

Con frecuencia me dicen que tengo un corazón de pastor. Si eso significa que tengo un corazón para el ministerio en la iglesia local, entonces es cierto. He sido pastor por de más de treinta años en iglesias pequeñas, medianas y grandes. Si eso significa que mi corazón está con los pastores y los líderes cristianos, eso también es verdad. Hace años, alguien se tomó el tiempo para ser mi mentor, para enseñarme cómo trabajar con la gente, en cuanto a los principios del liderazgo, y sobre cómo enseñar y predicar la verdad de la Palabra de Dios. Aún sigo aprendiendo.

También estoy aprendiendo cómo enseñar a otros. Una de mis actividades favoritas es estar frente a una clase o un auditorio enseñando a otros pastores y sus colaboradores de cómo tener un ministerio vibrante; es algo que he estado haciendo por más de veinticinco años. En seminarios, conferencias y simposios formales internacionales, he tenido el honor de conocer a dedicados líderes cristianos, a personas como usted, siervos de Cristo que han experimentado las alegrías y los desafíos de guiar a otros, y al mismo tiempo con el anhelo de aprender más en cuanto al ministerio. El liderazgo del siglo XXI es una zona en construcción. Estamos trabajando continuamente con el fin de perfeccionar nuestras habilidades para poder motivar a los demás a dar lo mejor de sí para Dios.

En este libro comparto una parte de lo que he aprendido a lo largo de los años. Mucho de ese aprendizaje tuvo lugar en salones de clase, bibliotecas y conferencias, pero la mayor parte fue adquirida en el único ambiente que realmente tiene importancia, mientras trabajaba en iglesias, salas de conferencias, edificios de confraternidades y salas de juntas. He experimentado lo que usted ha vivido, y sigo allí. Sé lo que es tener la responsabilidad de levantar fondos para un proyecto de construcción que parece irrealizable. He sentido las miradas fijas en las salas de juntas de personas que habrían preferido despedirme que hacer las cosas de una manera diferente. Me ha tocado estar al lado de personas que han perdido a seres queridos, orando para que el Espíritu Santo usara mi vida para darles una palabra de consuelo en su dolor. Conozco los desafíos del ministerio pastoral, y es mi oración que estos capítulos sean de ayuda para usted. Pido a Dios que le motiven, ensanchen su visión, reaviven su pasión, y le proporcionen la ayuda práctica que usted necesita para realizar el ministerio en estos tiempos de cambio.

Usted encontrará aquí recursos para hacer frente a casi todas las áreas del ministerio. En mis seminarios, normalmente digo lo siguiente: "No se trata de teoría, sino de práctica." Esto describe con precisión mi enfoque en cuanto al ministerio pastoral, y el contenido de este libro. Los principios están explicados, pero lo más importante son los consejos prácticos que le ayudarán a crecer en lo personal, y para ayudar al crecimiento de su iglesia u organización.

Usted y yo somos del mismo equipo, colaboradores en la gran obra del Reino. ¡No nos conformemos con nada menos que la excelencia!

STAN TOLER
JEREMÍAS 33.3

Reconocimientos

Deseo expresar mi agradecimiento especial a Don Cady, Lawrence Wilson, Jerry Brecheisen y todo el equipo de Wesleyan Publishing House. Ha sido un placer haberme asociado con ustedes en la preparación de este libro. Este proyecto es un reflejo de mi herencia metodista y del ministerio pastoral. Gracias por su enriquecedora amistad y por su confianza en mí. También quiero expresar mi profundo agradecimiento a Deloris Leonard y a Pat por su ayuda editorial y su asesoría en el proyecto.

PARTE 1

El crecimiento personal

La complacencia es la enemiga mortal de todo crecimiento espiritual.

— A. W. TOZER

Prosigo a la meta, al premio del supremo llamamiento
de Dios en Cristo Jesús.

— FILIPENSES 3.14

1

Características de los grandes pastores

Usted los ha visto en la televisión cristiana. Ha leído sus libros o sus artículos en revistas. Ha estado en sus auditorios repletos donde llevan a cabo sus seminarios. Sus nombres son reconocidos. Sus iglesias están llenas los fines de semana y vivas con actividades durante la semana. Sus terrenos y edificios se asemejan a una pequeña universidad. Son las superestrellas de la iglesia. Innumerables pastores han sido llamados "buenos pastores," pero solo estos predicadores destacados son considerados "grandes pastores".

¿Qué los hace ser grandes? Ellos asistieron a las mismas universidades o seminarios de otros pastores. Todos comenzaron con predicaciones intrascendentes. Todos ellos han cortado el césped de la iglesia o cambiado las bombillas de la congregación en algún momento de su ministerio. Pero la pregunta es: ¿Elevar la estatura eclesiástica hace a un gran pastor? ¿Se puede ser un gran pastor en una iglesia pequeña? ¿Están algunos pastores luchando con su propia identidad personal cuando, a los ojos de sus feligreses, son considerados uno de los grandes? ¡Por supuesto!

Una iglesia con miles de miembros no hace a un gran pastor. Una iglesia con terrenos y edificios que valen millones de dólares no hace a un gran pastor. Un seminarista con muchos títulos no hace a un gran pastor. ¡Muchos pastores son grandes pastores, al margen de todo eso! Pero hay algo mucho más profundo y amplio. Algunos que tuvieron poco reconocimiento de parte de la iglesia han sido incorporados al "salón de la fama" de los pastores. Algunos han ejercido su ministerio toda su vida como pastores bivocacionales y han tenido un mayor impacto para Cristo que todo el resto. Entonces, ¿qué es lo que hace a un pastor grande?

Si observamos cuidadosamente, veremos que los grandes pastores comparten seis características esenciales.

1. Saben cómo orar

Por supuesto, no hay un "medidor de la oración". El cielo no tiene una lista de las personas que pasan más tiempo que otros en oración. ¿Qué hace a estas personas grandes en la oración? La práctica. Los grandes pastores creen en el poder de la oración, y la practican diariamente. ¿Es la oración una disciplina, como cepillarse los dientes? Yo creo que sí. A uno le enseñan algo porque no sabe cómo hacerlo o porque quiere mejorar su práctica.

Los discípulos le pidieron al Salvador que les enseñara a orar. (Vea Lucas 11.1) Querían mejorar su disciplina de la oración. Habían visto con frecuencia cómo el Hijo de Dios oraba a su Padre Celestial. Vieron o escucharon la intensidad con lo que lo hacía, su humildad y la dependencia que tenía de su Padre. Fueron testigos de la fortaleza que recibía de esos tiempos regulares de oración, y querían ser como Él.

Usted hará muchas cosas que al principio parecen imposibles, porque cree que al orar Dios se manifestará a través suyo. Los grandes pastores entienden que lo que sostiene su ministerio no son sus habilidades personales sino su conexión con Dios. Son conocidos como guerreros de oración, y tienen una rutina de oración. Los grandes pastores salen del "circuito" de la iglesia para pasar tiempo a solas con Dios, y están más preocupados por la salud espiritual que por la salud de la iglesia.

Usted puede o no puede tener una megaiglesia, pero puede ser un gigante en la oración.

2. Tienen integridad personal

Lamentablemente, muchos pastores pasarán mucho tiempo en un pedestal, lo suficiente elevados como para que todo el mundo observe cada uno de sus movimientos. Los grandes pastores pasarán la prueba. No siempre harán lo correcto, pero siempre anhelarán una cosa: parecerse a Cristo. Buscarán ser como el Maestro en su vida personal y en su ministerio. Un gran pastor siempre dice la verdad, y tiene la valentía de rectificar sus errores. Las palabras "lo siento" no salen de su boca como la extracción de un diente roto. Los grandes pastores asumen la responsabilidad por sus acciones. Lideran con integridad. Entienden que cuando enfrentan la posibilidad de hacer concesiones, solamente hay una elección moral correcta, y están dispuestos a tomarla.

Los grandes pastores entienden que son embajadores del Reino. Toman decisiones personales o guían a otros a tomarlas cuando son buenas para el Reino; buenas decisiones en cuanto a la administración, el ministerio y las relaciones. Son conocidos por su amor "duro". Su proceder firme tiene una compasión subyacente que afecta cada una de sus actitudes o acciones.

3. Tienen una gran flexibilidad

Los grandes pastores entienden que su manera de hacer algunas cosas no siempre es la mejor. Copian lo mejor de los mejores, excepto si eso pone en peligro su carácter o su llamamiento. El liderazgo en cualquier campo consta de dos componentes. El primero es la experiencia técnica, o la habilidad para hacer el trabajo. Es importante que un pastor sea competente en las destrezas de su campo de actividad. Los grandes pastores están dispuestos a pasar por sobre los límites eclesiásticos. Están prestos a hacer las cosas de manera diferente si el resultado final es el crecimiento del Reino.

4. Saben formar equipos

Los grandes pastores están dispuestos a pasar la antorcha a una nueva generación. Y se rodean de discípulos ávidos de aprender. Estos líderes son mentores, pero también estudiantes. Ayudan a quienes los rodean a aprender lo que ellos han llegado a dominar con maestría.

5. Tienen sentido de dirección

Los grandes pastores saben cómo aclarar su visión. El apóstol Pablo tenía la capacidad singular de enfocar su energía en lo que realmente importaba. Ante todo, su enfoque era Cristo. Los grandes pastores tienen un sentido de identidad bien arraigado. Buscan la guía del Espíritu Santo en su vida y en su ministerio.

Los grandes pastores están dispuestos a llevar a su pueblo a terreno desconocido, si Dios lo dispone. Saben a dónde van, y están dispuestos a llevar consigo a otros.

6. Tienen una gran fidelidad

Los grandes pastores saben que podrían haberse destacado en otras profesiones; pero comprenden que tienen más que un trabajo. Saben que han respondido al llamamiento de Dios. Aceptan los riesgos que acompañan a ese llamado, y están dispuestos a pagar un precio para salir victoriosos. Han considerado todos los posibles riesgos de responder al llamado que han recibido, y no miran atrás.

Los grandes pastores no son grandes por el tamaño de su iglesia. Son grandes por su fidelidad a la excelencia.

¿Lo describe esto a usted?

2

Encuentre gozo en el ministerio

El liderazgo implica la capacidad de manejo de personas, proyectos y propiedades. Se puede hacer con un espíritu de obligación, o con un espíritu de entusiasmo. El entusiasmo siempre triunfa. El gozo es el eslabón perdido en la vida de muchos líderes. Por demasiado tiempo algunos líderes han estado tratando de pagar sus "frustraciones" con tarjetas de crédito emocionales que han llegado a su límite. Darse para el beneficio de otros por puro gozo es una rareza.

Los grandes líderes encuentran una manera de hacer depósitos en su banco emocional. Tienen una cuenta de gozo de reserva. ¿No es el gozo el llamamiento verdadero de todo líder al estilo del Nuevo Testamento? Considere estos versículos de la Biblia:

"Hasta ahora nada habéis pedido en mi nombre; pedid, y recibiréis, para que vuestro gozo sea cumplido" (Jn 16.24).

"Y los discípulos estaban llenos de gozo y del Espíritu Santo" (Hch 13.52).

"Y el Dios de esperanza os llene de todo gozo y paz en el creer, para que abundéis en esperanza por el poder del Espíritu Santo" (Ro 15.13).

"Siempre en todas mis oraciones rogando con gozo por todos vosotros" (Fil 1.4).

¿Cuál es el secreto para mantener el gozo? Ponga en práctica estos consejos.

1. Dé más de lo que reciba

No permita que una actitud de *"¿Y qué hay para mí en esto?"* invada su manera de pensar. Considérese un dador, alguien que da valor a los demás. Preocúpese más por contribuir que por recibir. No se requiere de mucho para añadir gozo a la vida de alguien. Puede hacerse con una sonrisa, con un pequeño regalo de un viaje reciente, o con un correo electrónico inesperado donde comunica su aprecio. Las personas necesitan sentir que son tan valiosas para el equipo como al líder. Sólo el líder puede hacer que se sientan así.

Jesús era un dador de gozo. Adondequiera que iba y en todo lo que hacía, siempre era para el bien de las personas. No se trataba simplemente de los milagros; se trataba de un entusiasmo celestial, incluso en medio de lo terrenal. Se trataba de dejar un lugar mejor de cómo Él lo había encontrado. Una palabra de elogio, aprecio, amor o de perdón traía alegría a los corazones en los días tristes.

2. Mantenga su corazón ardiendo

Cuando se mantiene ardiendo una estufa a leña, no se acumula mucho hollín en la chimenea. Si su corazón está ardiendo, hay muy poco espacio para el orgullo, la envidia, los celos y otros asesinos del gozo. Cuando Moisés se reunía con Jehová Dios, tenía que ponerse un velo sobre su rostro al volver a casa. La presencia de Dios ardía con tanto resplandor en su corazón, que esto hacía que su rostro brillara. Los líderes necesitan esa clase de encuentro. En realidad, deberían ser las citas más importantes en sus agendas, ya sean de papel o electrónicas. El tiempo a solas con Dios. El tiempo para encender la llama. El tiempo para avivar las brasas del compromiso con Él. El tiempo para dejar que la gloria de Dios llene el corazón. Mantenga la línea telefónica al cielo activa con sus oraciones. Deje que el fuego del Espíritu Santo arda dentro de usted. Después de esto vendrá el gozo.

3. Concentre su enfoque

Con frecuencia, el gozo yace sepultado debajo un "montón de papeles" en nuestro escritorio, siempre allí, pero no visible. El problema es que probablemente fue usted quien amontonó eso en su escritorio. Por supuesto, algunos de los papeles les fueron dados por otros, pero muchas veces usted los "adoptó". Los líderes más frustrados son, por lo general, los que intentan hacer demasiadas cosas. En caso de que no haya oído esto antes, usted no puede ser todo para todas las personas. Reduzca sus compromisos a lo esencial. Especialícese en sus puntos fuertes y delegue las tareas en las cuales usted sea más débil. Disfrutará mucho más de su trabajo.

4. Regale alegría

La alegría es como un *boomerang*. Cuando usted la regala, ésta siempre regresa otra vez. Regale toda la alegría que pueda, y su copa rebosará pronto. Felicite a sus compañeros de equipo por sus logros. Apresúrese a brindarles una palabra generosa. Conviértase en una persona que hace que los demás se sientan bien consigo mismos, y ellos le regresarán el favor. Algunos de los trabajadores en quienes usted más confía, y que más trabajan, son aquellos que tienen sentimientos de inferioridad. Han estado encadenados a las palabras de los miembros de su familia, de sus amigos o de sus enemigos. Su alegría les fue robada y necesitan recuperarla. Usted no podrá darles su alegría original, pero sí darles un reemplazo maravilloso. Puede ser el motivador que nunca estuvo presente en su vida. Usted puede ser la fuente de estímulo que nunca tuvieron.

Sorprendentemente, cuando usted da a quienes necesitan, lo que dá se le regresará. Al estimular a otros, por ejemplo, usted recibe estímulo. Jesús dijo: "Dad, y se os dará; medida buena, apretada, remecida y rebosando darán en vuestro regazo; porque con la misma medida con que medís, os volverán a medir" (Lucas 6.38). Las acciones espontáneas de generosidad darán como resultado una alegría que siempre estará presente. ¡Haga la prueba!

Cuando un líder no disfruta de su trabajo, toda la organización trabaja bajo una nube. Su bienestar emocional es fundamental para el éxito de su misión. Reponga el eslabón perdido a su liderazgo. Recupere la alegría.

3

Refleje la santidad de Dios

Recuerda usted la primera vez que escuchó su propia voz grabada y reproducida? Posiblemente reaccionó como tantos otros: "¿Realmente es mi voz?" O, le tomaron alguna vez una fotografía y despúes de verla, dijo: "¡Este no se parece a mí!"

Isaías tuvo una lucha parecida en cuanto a algo que vio y oyó.

> En el año que murió el rey Uzías vi yo al Señor sentado sobre un trono alto y sublime, y sus faldas llenaban el templo. Por encima de él había serafines; cada uno tenía seis alas; con dos cubrían sus rostros, con dos cubrían sus pies, y con dos volaban. Y el uno al otro daba voces, diciendo: Santo, santo, santo, Jehová de los ejércitos; toda la tierra está llena de su gloria. Y los quiciales de las puertas se estremecieron con la voz del que clamaba, y la casa se llenó de humo. Entonces dije: ¡Ay de mí! que soy muerto; porque siendo hombre inmundo de labios, y habitando en medio de pueblo que tiene labios inmundos, han visto mis ojos al Rey, Jehová de los ejércitos.
>
> Isaías 6.1-5

Isaías vio la santidad de Dios y escuchó la reacción de los ángeles que adoraban en presencia de ella. Después se miró a sí mismo, y dijo: "Eso no se parece a mí. Yo no soy así." C. S. Lewis escribió en *Letters to an American Lady* [Cartas a una dama americana]: "¡Cuán poco saben las personas que piensan que la santidad es aburrida! Cuando uno encuentra la realidad… ¡es irresistible!" Isaías nos da un vistazo de Aquel que es enteramente verdadero y está sentado sobre un trono alto y sublime. Viéndose tan fuera de lugar en la presencia de Dios, el profeta expresa el anhelo angustioso de reflejar lo que es Dios verdaderamente: santo. Pero ¿cómo es la santidad?

Me siento feliz porque Dios resolvió el problema, dándonos un vislumbre de sí mismo en su Palabra, hasta donde seamos capaces de soportarlo en este mundo. "Porque las cosas invisibles de él, su eterno poder y deidad, se hacen claramente visibles desde la creación del mundo, siendo entendidas por medio de las cosas hechas, de modo que no tienen excusa" (Ro 1.20).

En el Antiguo Testamento, el Señor es visto en la impresionante e inaccesible majestad del trono, en la zarza ardiente, y en el arca del pacto. Más tarde, en el Nuevo Testamento, lo vemos en la redentora vulnerabilidad del pesebre entre los animales, en la cruz del verdugo, y en la tumba prestada. A Dios lo caracteriza la santidad. Y la santidad debe reflejarse en su pueblo, especialmente en la vida de sus ministros. "Porque escrito está: Sed santos, porque yo soy santo" (1 Pe. 1.16).

Esto nos puede parece improbable. ¿Reflejar la santidad de Dios? Por ser Él quien es, Él nunca podría ser como nosotros. Pero también por ser Él quien es, nos invita a ser como Él. Lo imposible se vuelve posible por medio de la provisión de Su Hijo, Jesucristo, y por el poder de su Espíritu Santo. Juan Wesley dijo que el Espíritu Santo es la "causa inmediata de la santidad".

¿Cómo, entonces, debemos reflejar la santidad de Dios?

1. La santidad de Dios se refleja por el odio incondicional al pecado. Proverbios 6.16-19 dice: "Seis cosas aborrece Jehová, y aun siete abomina su alma: Los ojos altivos, la lengua mentirosa, las manos derramadoras de sangre inocente, el corazón que maquina pensamientos inicuos, los pies presurosos para correr al mal, el testigo falso que habla mentiras, y el que siembra discordia entre hermanos." Reflejar la santidad de Dios significa rechazar el pecado. "Todo aquel que permanece en él, no peca; todo aquel que peca, no le ha visto, ni le ha conocido" (1 Jn 3.6).

2. La santidad de Dios se refleja en un amor incondicional por su

pueblo. "Mirad cuál amor nos ha dado el Padre, para que seamos llamados hijos de Dios" (1 Jn 3.1). Dios mira más allá de nuestros hechos; Él mira nuestro corazón. Aunque no puede aceptar el pecado, sí puede estrechar sus brazos amorosos para recibir al pecador arrepentido. Reflejar la santidad de Dios significa que no excluimos a otros. Esto no significa, de ninguna forma, dar aprobación al pecado. Mas bien significa tener un corazón que es inclusivo, en vez de exclusivo. En su mensaje titulado "El camino de la santidad", Jonathan Edwards afirma que el camino "es agradable y encantadoramente precioso".

3. La santidad de Dios se refleja en el sacrificio incondicional por el bienestar de otros. Juan 3.16 nunca dejará de ser la palabra definitiva de Dios en cuanto a su compromiso con su creación. Reflejar la santidad de Dios significa rechazar el yo y el egoísmo en bien de la salvación de otros. Según el apóstol Pablo, eso se ve en el hogar y también en todas partes. Efesios 5.25 nos amonesta: "Maridos, amad a vuestras mujeres, así como Cristo amó a la iglesia, y se entregó a sí mismo por ella."

Aunque no somos "pequeños dioses", como enseñan algunos, podemos tener un poco de Dios en nosotros. "Por él estáis vosotros en Cristo Jesús, el cual nos ha sido hecho por Dios sabiduría, justificación, santificación y redención" (1 Co. 1.30).

Como escribió John Brown, teólogo escocés del siglo XIX: "La santidad consiste en pensar como Dios piensa, y desear lo que Dios desea." ¿Qué significa eso? ¡Reflejar la santidad de Dios!

4

Claves para un carácter irreprochable

El granjero estacionó su camión sobre la balanza de vehículos pesados, y se bajó de la cabina. Cuando el operador de la balanza estaba a punto de anotar el peso de la carga, el granjero se subió discretamente a la báscula, añadiendo su peso al de su cosecha. Creyendo que nadie lo había visto, el granjero luego vació su camión y regresó a la báscula para obtener su recibo.

Aunque el operador de la báscula se había dado cuenta de la trampa del granjero, optó por no confrontar directamente su falta de honestidad. En vez de eso, entregó el recibo al granjero y le dijo: "Pensé que le interesaría saber que usted acaba de venderse por ocho dólares y cincuenta y seis centavos."

El carácter de un líder está siempre a la vista de todos. Cada día, usted y yo somos observados haciendo muchas decisiones, grandes y pequeñas. Nuestros empleados se dan cuenta si tratamos o no con justicia a los demás. La gente observa cómo respondemos a la crítica. Nuestras familias ven si nuestras acciones privadas se corresponden con nuestras palabras en público.

¡Su carácter es importante!

La historia no juzgará su liderazgo de acuerdo con lo que usted sabe, o incluso con lo que ha logrado. Su legado será determinado por lo que es. Si usted es un líder que tiene un carácter excelente, su influencia perdurará mucho después de que usted ya no exista.

Sin embargo, el carácter de un líder está bajo ataque constante. Los líderes no son inmunes a la tentación. De hecho, hay algunas maneras en las que somos aun más vulnerables a los ataques de Satanás. La presión sobre los dirigentes y sus familias, por ejemplo, sólo ha aumentado en los últimos años.

Usted ha comenzado su misión con la mejor de las intenciones, y puede terminar de la misma manera. A continuación veremos cuatro áreas en el carácter de un líder que deben ser cuidadas. Guarde su corazón en estas áreas y podrá tener la seguridad de que es un líder digno de ser seguido.

1. Defínase a sí mismo

Las expectativas en cuanto al liderazgo aumentaron rápidamente en la década pasada. Organizaciones de todo tipo esperan más de sus líderes, y los líderes se exigen más a sí mismos. La presión por desempeñarse bien es estresante en el mejor de los casos, y agotadora en el peor. El líder que sobreviva a estas presiones cada vez mayores será aquel que tenga una descripción bien definida de sus funciones, y que la comunique bien dentro de la organización. Usted tiene que entender quién es, y lo que ha sido llamado a hacer. Necesita tener un sentido claro de su misión como líder. Cree su propia definición del éxito; no deje que otros se la establezcan. Defina quién es usted como líder, y no trate de ser algo que no es.

2. Examínese a sí mismo

Tal vez nunca antes se habían presentado tantas oportunidades para la maldad como en nuestra era. Los medios de comunicación nos han bombardeado con el mensaje de que todo lo que nos haga sentir bien es bueno. Por supuesto, hay un gran peligro en esa filosofía, especialmente para el líder cristiano.

El consejo tradicional a un joven líder sobre cómo manejar la tentación sexual es algo como esto: "Nunca te permitas estar a solas con una persona del sexo opuesto." Ese consejo implica que la atracción sexual es una fuerza irresistible que puede atacar por sorpresa al líder desprevenido. Que una vez que esté solo en presencia de una persona del sexo opuesto, el líder es incapaz de resistir la tentación.

En realidad, la integridad sexual, como cualquier otra cuestión en cuanto al carácter, tiene más que ver con lo que está dentro, que con lo que está afuera. En otras palabras, se trata de la condición del corazón del líder, no el atractivo de la otra persona, lo que da origen a la tentación.

Un mejor consejo para el líder es que se conozca a sí mismo. Cuando usted se sienta triste, desanimado o vulnerable, admítalo y enfrente el asunto de la manera adecuada. Ser honesto, incluso con usted mismo, en problemas como el rechazo, la inseguridad y baja autoestima, es una aptitud fundamental para sobrevivir en una vocación con tan alta presión.

3. Disciplínese a sí mismo

La mayoría de las personas tienen una o dos debilidades manifiestas. Muy pocas personas parecen ser débiles en todas las áreas. Hay quienes son propensos genéticamente a utilizar sustancias adictivas, como el alcohol. Otros no tienen ningún problema con el alcohol, pero mentirán o robarán si es necesario para conseguir dinero. Las personas sabias, y sin duda los líderes sabios, tienen una comprensión de su propia psiquis. Saben lo que les motiva. Saben lo que les tienta, y aprenden a mantener a raya esos deseos. Han llegado a dominar sus debilidades con el fin de maximizar sus puntos fuertes.

4. Rinda cuentas de sí mismo

No es un consejo nuevo, pero vale la pena seguir oyéndolo. Consiga un persona de confianza ante el cual esté obligado a rendir cuentas, y dé permiso a esa persona para que le haga preguntas de lo que sea; de su matrimonio, sus finanzas, sus hábitos personales y sus relaciones con el sexo opuesto. He aquí algunas buenas preguntas en cuanto a una buena rendición de cuentas: (1) ¿Hay algún pecado no confesado en tu vida? (2) ¿Cuál es tu lucha espiritual más grande en este momento? (3) ¿Qué crees que necesitas hacer para evitar el pecado en esa area? (4) ¿Has orado desde que nos reunimos la última vez?

Grandes logros más un carácter débil equivale a desastre. Mantenga su carácter fuerte, y su influencia será igualmente fuerte.

5

Pasos para la salud del pastor

7.15 a.m. Una llamada telefónica. El tesorero de su iglesia tiene una pregunta, y necesita la información antes de salir para su trabajo. Usted chequea la carpeta del presupuesto mientras se limpia la crema de afeitar de la cara. "Espero no haberlo sacado de la cama," dice la persona que llama, como si estuviera haciendo una encuesta telefónica.

8.40 a.m. Alguien que no esperaba lo visita en la oficina, interrumpiendo su preparación del sermón. Las fotos que ella tomó de sus nietos son realmente impresionantes. Pero la mujer olvida que ya le mostró esas fotos después del servicio de entre semana, la semana pasada.

9.30-11.00 a.m. La reunión con el personal toma más del tiempo previsto, por un problema que tiene que ver con el ministerio de jóvenes de la iglesia. Usted sabe que no tendrá tiempo suficiente para resolver la situación, pero hace el último intento.

11.30 a.m. Regresa las llamadas telefónicas hasta la hora de almorzar con su próxima cita; está contento de tener esos minutos extra en el contrato de su teléfono celular.

12.00-1.30 p.m. Almuerzo con un miembro de la junta directiva de la iglesia, quien le expone su visión para la iglesia, que no es exactamente la que usted tiene. Pero, a pesar de las diferencias, usted paga la cuenta del almuerzo.

2.00-3.00 p.m. Cita para dar asesoramiento prematrimonial.

3.30-4.30 p.m. Reunión con el ajustador de reclamos de la compañía de seguros en cuanto a los daños causados por agua en la iglesia. Usted está tentado a hablarle del diluvio universal, pero no sabe si mencionar el nombre de Noé le dará algún beneficio.

4.30 p.m. Una feligrés le llama cuando usted está saliendo de la oficina. Le comenta que desearía que su día terminara tan temprano como el suyo.

5.00-6.30 p.m. Tiempo con la familia. Usted cena, ayuda a sus hijos con las tareas de la escuela, escucha lo que cuenta su esposa en cuanto a su día, y cuadra la chequera.

7.00-9.00 p.m. Servicio de entre semana. Usted saluda a las personas que llegan, resuelve una disputa entre personas que trabajan con los niños, recuerda a los miembros de la junta directiva de la iglesia la reunión que tendrán mañana, dirige un estudio bíblico, da consejo improvisado a un padre o una madre molestos, y apaga las luces.

9.20 p.m. Su última llamada telefónica. Un miembro de la iglesia quiere darle las gracias por haber visitado a su mamá en el hogar de ancianos. Le dice: "Es maravilloso que usted tenga tanto tiempo libre."

Su agenda está llena de actividades importantes, pero es ajetreada. Al dar su vida por los demás, usted y su familia son propensos a perderse en la confusión. Usted se preocupa por los demás, ¿pero quién se preocupa por usted?

He aquí algunos elementos básicos de cuidado de uno mismo, que lo ayudarán a brillar sin fundirse.

1. Descanse lo suficiente

Muchos pastores no duermen lo suficiente. Especialmente en una iglesia en crecimiento, hay la tentación muy real de hacer de la noche día. Después de las horas de oficina, vamos corriendo a reuniones de comités y a estudios bíblicos. Días de doce horas y semanas de sesenta horas de trabajo no son inusuales para los pastores. ¡Basta de tantas actividades! Aprenda a decir no; tómese el tiempo para usted, y descanse.

2. Tómese un tiempo libre

Algunos pastores se sienten culpables cuando se relajan. No se sienta así. La mayoría de los laicos disfrutan cada semana de una de las creaciones modernas más maravillosas: el fin de semana. Los pastores deben obligarse a sí mismos y obligar a las iglesias a aceptar el hecho de que su agenda no es normal. Ellos necesitan permiso (a veces de sí mismos) de tomarse un día libre en medio de la semana, o pasar una tarde con su familia. Programe un tiempo fijo libre cada semana. Póngalo en su agenda, y luego hágalo.

3. Cultive amistades estrechas

El aislamiento es común en el ministerio. Por lo general, los pastores están separados de los miembros de su familia extendida. Su vida social está limitada usualmente a su relación con los feligreses. Puede tomar un poco de esfuerzo, pero vale la pena procurar identificar a un amigo fuera de su congregación, y cultivar una relación con esa persona. El aislamiento es peligroso. Busque relacionarse con alguien.

4. Tenga un hobby

Tenis. Pesca con anzuelo. Carpintería. *Camping*. Coleccionar antigüedades. Fotografía. Todo pastor debe encontrar algo que no sea su trabajo, que ocupe una parte de su tiempo. Eso le liberará la mente, le aliviará el estrés, y le dará una sensación de logro.

5. Mantenga una vida devocional

Los pastores oran para vivir, pero deben también orar para sobrevivir. Es demasiado fácil convertirnos en cristianos "profesionales". Haga el esfuerzo de adquirir disciplinas espirituales personales que no estén relacionadas con el ministerio público. Mantenga un diario personal. Encuentre un consejero. Haga un retiro. Esto lo ayudará a usted y a su familia.

6. Busque ayuda cuando la necesite

Usted no tiene que hacer las cosas solo, y no debe intentarlo. Es difícil para quien cuida de otros el aceptar ser cuidado, pero es necesario. Si usted se siente aislado, encuentre un amigo. Si está fatigado, vaya al médico. Si tiene un problema espiritual o emocional, vea a un consejero. Es verdad que todos somos "sanadores heridos". No tenga temor de pedir ayuda cuando la necesite.

En su misión de sanar las almas, no descuide la suya. Su familia lo ama. El Reino lo necesita. Sus feligreses dependen de usted. Pastor, ¡cuídese!

6

CULTIVAR UNA VIDA DEVOCIONAL DINÁMICA

En los deportes hay algo que se llama "el día de la doble práctica", ¡y a nadie le gusta! Los deportistas son obligados a levantarse temprano, a entrenar durante toda la mañana, a correr a toda velocidad, y a hacer ejercicios hasta no saber si encontrarán suficiente oxígeno en el aire para sobrevivir. Luego, después de algunas horas de recuperación, regresan para una segunda sesión aun más agotadora por el calor de la tarde.

Aunque es extremadamente duro por el momento, todo deportista sabe que este riguroso entrenamiento le dará una ventaja competitiva. Los deportistas disciplinados no solamente pasarán por esta experiencia agotadora una sola vez; ¡regresarán día tras día por más! Estarán listos para cada competencia, y tendrán éxito.

Así como el competidor no puede ganar sin la disciplina física, tampoco nosotros podemos tener éxito como pastores sin una disciplina espiritual. Al igual que Jesús, necesitamos tener una práctica consistente de oración, aislamiento, lectura de las Escrituras, y ayuno. Necesitamos alimento para nuestra alma.

Sé que muchos de los pastores luchan, como el atleta, para mantener la disciplina en su vida espiritual.

Quizás usted haya resuelto tener un tiempo consistente de oración o para leer la Biblia, no sólo para preparar el sermón, sino también para alimentar su corazón. Es posible que haya decidido ayunar regularmente, meditar y pasar tiempo a solas con Dios. Cualquiera de estas cosas puede ser la mayor resolución que puede haber hecho en cuanto a su ministerio.

Hay muchas razones por las que las iglesias no crecen: su ubicación, los tabúes, instalaciones físicas deficientes, y cosas así. Pero quizás la razón más común está identificada en Jeremías 10.21: "Porque los pastores se infatuaron, y no buscaron a Jehová; por tanto, no prosperaron, y todo su ganado se esparció." ¡La falta de oración! La oración es la cosa más importante que un pastor tiene que hacer cada día.

El venerable misionero J. Hudson Taylor dijo: "El poder de la oración nunca ha sido probado plenamente en ninguna iglesia. Si queremos ver los milagros y prodigios de la gracia y el poder divinos, en lugar de debilidad, fracaso y frustración, toda la iglesia debe aceptar el desafío permanente de Dios: "Clama a mí, y yo te responderé; te daré a conocer cosas grandes y maravillosas que tú no conoces" (Jer 33.3 RVC).

Jesús nos enseñó a orar por una razón: para que aprovechemos la gracia sin igual, las magnificas promesas y los recursos maravillosos de Dios Todopoderoso. ¿Por qué? Porque no solo estamos equipados para realizar el llamado, sino además realizados. La disciplina de Jesús en la oración lo llevó del monte de los Olivos al huerto de Getsemaní. Esto le trajo paz interior y conexión con su Padre celestial, y reforzó su compromiso de hacer la voluntad del Padre.

Las siguientes seis sugerencias le ayudarán a tener una vida vibrante de oración.

1. Ore todos los días

En el acelerado ambiente que se realiza el ministerio hoy, es tentador hacer de la oración un asunto secundario en su lista de actividades. Después de todo, tenemos tantas cosas que hacer. Pero la oración debe estar en la lista de prioridades. Ella es su fuente de poder. Usted no puede tener éxito sin ella. Ore hoy, y tome la resolución de orar cada día.

2. Ore primero

Si usted pone su tiempo de oración para más tarde en el día, es seguro que algo ocupará ese tiempo. Sonarán los teléfonos, llegarán visitas inesperadas, habrá que reestructurar los horarios. Por tanto, ore primero o es posible que no ore en absoluto en el día. Ponga su despertador treinta minutos antes de lo acostumbrado. Abra su Biblia antes de abrir su agenda. Haga de la oración el primer punto de acción cada día.

3. Ore concentrándose en Dios

La mayoría de nuestras oraciones tienen un enfoque centrado "aquí abajo". Oramos por nosotros mismos, por nuestras necesidades, por las cosas que nos gustarían hoy. Nuestras oraciones pueden ser muy egoístas cuando nuestro enfoque está puesto en las cosas de la tierra. Intente orar enfocando lo de arriba. Concéntrese en el Padre celestial. Alábelo. Hónrelo. Glorifíquelo. Pase algún tiempo simplemente echando flores a Dios. Entre en la gloria de su presencia. Usted resultará fortalecido y edificado al hacerlo.

4. Ore por otros

No hay duda de que usted debe orar por usted mismo. Cuando tenga una necesidad, usted puede y debe llevarla al Padre. Pero la mayoría de las oraciones deben ser a favor de otros, en vez de nosotros mismos. Orar por mis necesidades rara vez es tan vigorizante como orar por las necesidades de los demás. Lleve la lista de los miembros de la iglesia a su sesión de oración. Diga en voz alta los nombres y las necesidades de ellos al orar.

5. Ore por cosas grandes

¿Es su fe del tamaño de un grano de mostaza? ¡Estoy seguro de que, por lo menos, es de ese tamaño! ¡Y eso es suficiente para mover una montaña! Cuando ore, pídale a Dios que realice grandes cosas por medio de usted. Ore, creyendo que Dios es fiel a su Palabra. Recuerde que está hablando con "Aquel que es poderoso para hacer todas las cosas mucho más abundantemente de lo que pedimos o entendemos, según el poder que actúa en nosotros" (Ef 3.20). Pida cosas grandes cuando ore, ¡y prepárese para ver a Dios haciendo cosas grandes!

6. Ore constantemente

Un tiempo disciplinado de oración es importante; y una actitud de oración es vital. "Orad sin cesar," nos dice Pablo (1 Ts 5.17). Permita que sus oraciones surjan de su corazón a lo largo del día, al dar gracias por el pan de cada día, al pedir protección, al alabar a Dios por el día, al hacer una confesión inmediata de pecado. Su actividad más importante del día no es escuchar la radio o canciones en un iPod. Ore sobre la marcha. Esté en una constante actitud de dependencia de Dios. Permita que el Espíritu Santo traiga la verdad de Dios a su corazón y que la compasión de Cristo dirija sus pensamientos hacia los demás.

7

Enfrentar los ataques personales

Los pastores son blancos fáciles para la crítica y los ataques malintencionados. Aquí tiene algunos consejos para enfrentar los rumores o el fisgoneo de los feligreses, o incluso de otros líderes. Pero además de eso, consejos para enfrentar los ataques personales.

1. Desarrolle una piel de elefante

Recuerde que algunos comentarios duros corresponden al tema de liderazgo, y no deben ser tomados seriamente. Cuando las cosas salen mal, la gente se queja del líder; ¿qué más pueden hacer? Pero si se quedan del jefe en el trabajo, pueden pronto formar parte de la fila de desempleados. Es más fácil quedarse de alguien cuando no está en juego el cheque del sueldo. ¿Quién es el siguiente? El pastor. Él no se deshará de usted. Su diezmo es demasiado importante, o muchos de sus familiares son miembros de la iglesia. Además, los pastores han sido blancos de críticas desde el nacimiento de la Iglesia.

Desarrolle una piel de elefante a las críticas. Entienda la causa. Mire más allá de las palabras. Recuerde que la persona tiene sus propios problemas, que pueden traducirse en dardos verbales.

Manténgase enfocado en la meta, y no olvide que su Líder, Jesús, padeció las mismas clases de maltratos. ¿Puede el siervo estar por encima de su Señor? ¡Por supuesto que no! El mismo Salvador que prometió estar siempre a su lado, recorrió el mismo camino. Las burlas resonaban en sus oídos. Las dudas invadieron incluso las mismas de sus discípulos más íntimos. Disciplínese para no hacer caso a la crítica fácil y a los comentarios sarcásticos que son dirigidos a *todo* líder.

2. Desarrolle una memoria corta

Una de las mejores cosas que usted puede hacer es aprender a olvidar, no las lecciones del pasado, sino los insultos. Recuerde que usted puede perdonar, porque ha sido perdonado. Permita a sus atacantes una salida. Deles la posibilidad de retractarse de los comentarios que hicieron en el calor de una discusión. Esté dispuesto a perdonar. Tom Ellif, quien fue presidente de la Convención Bautista del Sur, decía: "Quien no es capaz de perdonar destruye el puente por el cual él mismo debe pasar." Cuando perdona los errores de los demás, ellos serán más tolerantes con los suyos.

Usted no tiene que ir muy lejos para encontrar el mejor ejemplo. En sus horas de más profunda agonía, colgando en una cruz que no la merecían seres indignos, el corazón del Maestro fue partido por sus verdugos. Quizás algunas de las palabras más dulces jamás pronunciadas, vinieron de la cruz: "Padre, perdónalos." Jesús está viviendo su vida a través de usted. Las cosas o las personas que usted no puede perdonar, Él las perdona.

3. Desarrolle un sector de partidarios

Todos los líderes necesitan quienes los aúpen, personas que puedan fortalecerlos cuando se estén sintiendo alicaídos. No son aduladores que colman al líder de falsas alabanzas, sino verdaderos amigos en cuyo consejo puede confiarse. De nuevo, usted no tiene que ir muy lejos. Recuerde a los miembros de su familia que estarán dispuestos a ayudarlo, sea como sea.

Recuerde a su cónyuge que le sigue aupando, aun cuando no esté en su mismo campo de batalla.

Por cada persona que duda, hay cien que creen en usted, y éstas son generalmente pasadas por alto. Entre éstas están los amigos que usted ha tenido durante toda su vida. Las personas de su anterior pastorado, que escucharon su consejo y tuvieron un cambio para bien. Ese guerrero de oración en cuya lista ha estado usted desde que comenzó su ministerio. ¡Todas estas personas están con usted!

Y no olvide a las personas que están siendo ministradas por usted actualmente, cuyas vidas han sido cambiadas por su ministerio. Al niño o a la niña de su programa de educación cristiana, que quieren llegar a ser como usted cuando crezcan. A los padres que no han olvidado que usted pasó toda una noche con ellos en la habitación del hospital con su hijo. Al adolescente cuya vida fue transformada gracias al perdón y a la amistad que usted le brindó. ¡Todas estas personas están con usted!

Cuando parezca que todo el mundo está contra usted, es importante tener unos cuantos amigos que puedan inclinar la balanza, dándole el estímulo que usted necesite. Desarrolle un grupo de partidarios honestos, y confíe en su sincero consejo.

4. Desarrolle un enfoque hacia adelante

No se quede en el pasado; allí no hay futuro. Si las metas que usted se ha propuesto son dignas de alcanzar, deben ser más importantes que librar batallas por el ego, demostrar que tiene la razón, o buscar la represalia. Usted no puede marchar hacia adelante mirando el espejo retrovisor. Mantenga sus ojos en el galardón.

Una vez le pregunté a un prominente líder cómo podía tolerar los insultos que acompañan la vida pública, y su respuesta fue admirable: "No tengo tiempo para ser un amargado," dijo. "Solo tengo tiempo para ser mejor." Lo mismo sucede con usted. Está haciendo el trabajo más importante del mundo, trayendo esperanza y sanando a los que sufren. Estas cosas son más importantes que llevar un inventario de insultos.

Además, cuando llegue el momento de involucrarse en otro ministerio, sus críticos serán sus mejores amigos. Los que han olvidado la ayuda que usted les dio, la recordarán. Los que utilizaron las palabras más duras con usted, lo estarán elogiando. El tiempo sabe cómo quitar el filo aun a las flechas más agudas.

Dé a sus críticos tiempo para crecer. Ayúdelos a crecer. Muéstreles mediante su ejemplo que las palabras hieren tanto como los palos y las piedras, pero que usted tiene una benevolencia que le permite experimentar la sanidad. Sonría cuando sus críticos tengan el ceño fruncido. Cante cuando sus acusadores le estén lanzando piedras. A usted se le oportunidad más excelente: la de tener la última palabra en cuanto a la situación. La verdad puede ser víctima de crueles ataques, pero ella ganará siempre.

Recuerde: ¡Dios está con usted!

8

Pastoreando al pastor

Se calcula que 51 millones de personas vieron el episodio final de la reciente serie *Supervivientes,* convirtiéndolo en uno de los programas de TV más vistos en la historia de la televisión. Dieciséis personas habían quedado "varadas" en una isla cerca de Borneo. Su desafío era sobrevivir comiendo cualquier cosa, desde insectos hasta murciélagos. Este programa se convirtió pronto en una serie legendaria, y cada semana los televidentes sintonizaban sus televisores para ver quién sobreviviría a las picaduras de los insectos y a la traición para ser el ganador.

Un hombre triunfó sobre todo, y se convirtió en un millonario al instante. Ganó porque aprendió cómo adaptarse. Se tomó el tiempo para entender a las personas, y se negó a ser distraído por las presiones de la isla y por la personalidad de los habitantes de la isla.

En el día de hoy, el ministerio puede parecer un juego de supervivencia. Vivimos en una época de escándalos, fracasos morales, críticas rastreras y amenazas cada vez más numerosas a nuestro sistema de valores. Las reglas cambian constantemente, y también los métodos del ministerio. Lo que funcionó en la década de los años 70, o incluso en los de los 90, ya no es efectivo hoy. ¡Nuestra cultura ejerce una influencia cada vez mayor, y estamos a menudo luchando para poder mantenernos en el juego!

Sin embargo, nuestra misión no ha cambiado. Esta cultura necesita a Cristo. Nuestra tarea es alcanzar a los millones que todavía no han escuchado las buenas nuevas. ¡Los que tendrán éxito serán quienes aprendan a adaptarse, a comprender a las personas, a evitar las distracciones, a manejar las presiones, y a lidiar con cambio para sobrevivir! Ese es un desafío que usted puede enfrentar. Nadie puede triunfar sobre usted en esa isla. Usted está en el ministerio para un camino largo y difícil, y no está solo.

Un pastor calculó recientemente que el 80% de los pastores de su denominación habían pensando en algún momento del mes anterior abandonar el ministerio. Ya sea cierta o no esa cifra, el hecho es que muchos pastores estén dispuestos mentalmente para renunciar. Las expectativas no realistas y las obligaciones cada vez mayores los están afectando. Pero hay maneras para que usted y su ministerio sean fortalecidos. No tiene solamente que sobrevivir; usted puede tener éxito en el ministerio.

En un día cuando nadie "pastorea" al pastor, usted necesita aprender a cuidar bien de sí mismo. Howard Hendricks dijo que si uno deja de aprender hoy, dejará de enseñar mañana. Piense de sí mismo como un estudiante vitalicio. Tome la decisión de que no estará satisfecho con las habilidades personales y profesionales que tiene en este momento; de que seguirá creciendo. Lea constantemente libros, revistas, periódicos, todo lo que caiga en sus manos. Alimente su mente con buenas ideas.

Nadie necesita oír otra historia de un pastor que naufragó, por lo que no le contaré una. Todos conocemos los peligros. Pero pocos de nosotros damos la impresión de saber cómo defendernos contra ellos. Ser honesto consigo mismo en cuanto a problemas internos como el rechazo, la soledad o la baja autoestima, es el primer paso para evitar el fracaso. Conózcase a sí mismo, y no será tomado por sorpresa. La mayoría de las personas tienen una o dos debilidades manifiestas. La gente sabia, y ciertamente los pastores sabios, saben dónde son vulnerables, y evitan la tentación en esas áreas.

Hasta que veamos a Cristo cara a cara, mantengámonos enfocados en la misión del Señor. Permanezca fiel a usted mismo y a las personas que ama. Prepárese para las burlas y las tentaciones del Enemigo. Y prepárese también para una vuelta a la patria celestial que está más allá de sus sueños más fantásticos.

9

Fortalézcase para el ministerio

Cuando se trata de la navegación, el gran patriarca Abraham se pareció mucho a Cristóbal Colón en su viaje a una nueva tierra. Él no sabía a dónde iba cuando partió, y tampoco dónde estaba cuando llegó allí. "Por la fe Abraham, siendo llamado, obedeció para salir al lugar que había de recibir como herencia; y salió sin saber a dónde iba" (He 11.8).

Abraham puede no haber sabido *a dónde* iba, pero sí sabía *por qué.*

Dios lo había llamada. El plan de Dios era ahora el objetivo de Abraham. Y el objetivo espiritual era un gran motivador en la vida de un hombre que fue llamado "amigo de Dios".

A pesar de que estamos más ocupados que nunca, muchos de nosotros vivimos sin un propósito, aunque nuestras intenciones sean nobles. En el trabajo, deseamos ser el profesional perfecto. En el hogar, procuramos ser el mejor cónyuge o padre. En la iglesia, somos el creyente piadoso. Pero a pesar de nuestro interés, muchas veces parece que hay algo que está faltando en nuestra vida. Nos falta poder.

Una vida consagrada es una vida dedicada a un solo propósito. Como Abraham, se afinca en el plan de Dios, sin importar las consecuencias. ¿Qué podemos esperar de una vida consagrada? ¿Cuál es el resultado de consagrar nuestra vida a Cristo, haciendo de su voluntad nuestro principal objetivo? En una palabra, tenemos poder.

El poder surge de un enfoque cada vez mayor. Cuando usted entiende el panorama general, es fácil poner las cosas pequeñas en su lugar. Una vida consagrada está enfocada en servir a Dios. Eso da como resultado que todas las decisiones, desde las que tienen que ver con cuestiones profesionales hasta morales, sean mucho más fáciles de tomar. La consagración da el poder del enfoque.

Ese poder produce también un gran aguante. No hay causa más noble que la de Cristo; no hay ninguna razón más valedera para perseverar, a pesar del sufrimiento o la persecución. Cuando su vida está puesta a los pies del Maestro, cuando su cruz está ajustada firmemente de uno a otro lado de sus hombros, tendrá la fortaleza para enfrentar la vida, incluso en sus peores momentos. Los insultos serán más fáciles de soportar, y los sacrificios más fáciles de hacer. La consagra da el poder del aguante.

Ese poder da una victoria segura. La victoria sigue siendo el mayor incentivo del cristiano. Pablo escribió: "Mas a Dios gracias, el cual nos lleva siempre en triunfo en Cristo Jesús, y por medio de nosotros manifiesta en todo lugar el olor de su conocimiento" (2 Co 2.14). La persona consagrada es un soldado victorioso de Cristo, incluso antes de que comience la batalla. Si la lucha es contra las tentaciones de la vida o contra las fuerzas de las tinieblas espirituales en el mundo, el creyente que tiene un solo foco tiene el poder de aguantar. La consagración da la victoria.

Las Escrituras lo confirman. El escritor de Hebreos mencionó otro "Salón de la fama", de hombres y mujeres que se consagraron a Dios. Éstos colocaron su vida en el altar de la devoción, y dejaron que ardieran; otros se dedicaron con desesperación a Dios. ¿Cuál fue el resultado de sus vidas? Leamos:

"¿Y qué más digo? Porque el tiempo me faltaría contando de Gedeón, de Barac, de Sansón, de Jefté, de David, así como de Samuel y de los profetas; que por fe conquistaron reinos, hicieron justicia, alcanzaron promesas, taparon bocas de leones, apagaron fuegos impetuosos, evitaron filo de espada, sacaron fuerzas de debilidad, se hicieron fuertes en batallas, pusieron en fuga ejércitos extranjeros" (He 11.32-34).

Pero hay un nombre que está faltando en esa lista: el suyo. Por fe, usted puede también convertirse en uno de esos, de los cuales el mundo no era digno. Por fe, usted también puede ser consumido por una pasión por Dios, que consume cada pensamiento y cada motivo que no estén enfocados en la voluntad de Él. Por fe, usted puede soportar cualquier adversidad y lograr cualquier victoria. Por fe, usted puede vencer.

Eso no significa que usted no será tentado a renunciar. De hecho, el diablo le cantará esa canción en el oído con frecuencia. Él quiere destruirle a usted, y también a su ministerio. Usted tendrá que proteger su corazón y su mente contra sus ataques. ¿Cómo puede hacerlo?

Recuerde que Dios le ha llamado.

Recuerde lo que Dios hizo por usted. Ha sido trasladado del reino de las tinieblas al reino de la luz, por medio de la fe en el Señor Jesucristo.

Recuerde lo que Dios le prometió. Dios le redimió y lo llamó por su gracia. Toda ayuda espiritual ha sido puesta a su disposición.

Recuerde lo que Dios le ha prometido. Su trabajo es notado en el cielo. Y su trabajo será recompensado allá. Es posible que usted no reciba ni una sola palabra de aliento en la tierra, pero, como dice la frase "usted no está en casa todavía".

La consagración de su vida al servicio del Señor es apenas el comienzo. Cada día trae una nueva sensación de pertenencia y victoria. Ese es el poder de una vida consagrada.

10

Cause una buena impresión

El cartel en la puerta del restaurante decía: "Se requiere indumentaria adecuada." En otras palabras, las personas que no están vestidas adecuadamente no son bienvenidas. Si eso es correcto en un restaurante, mucho más lo es en la iglesia. Su apariencia le ganará a usted entrada en el corazón de las personas que van a su iglesia, o le mantendrá alejado de ellas.

Por supuesto, el evangelio es para todas las personas, cualquiera que sea su condición. Usted no le negaría la entrada a una persona que estuviera vestida andrajosamente. Usted es inclusivo porque el evangelio es inclusivo. Por otra parte, usted probablemente no pondría a esa persona andrajosa en el equipo de alabanza sin darle primero un consejito sabio.

Los pastores son embajadores del cielo. "Así que, somos embajadores en nombre de Cristo, como si Dios rogase por medio de nosotros" (2 Co 5.20).

¿Esperaría usted ver al embajador de una nación extranjera representando a ese país en una reunión pública, vestido con ropas que usaría para trabajar en el jardín? ¡Por supuesto que no! La indumentaria del embajador es un reflejo de la asociación del embajador.

Muchos lugares de trabajo permiten un "viernes informal". Y muchas iglesias ahora han adoptado un estilo de vestir más informal. Pero líderes cristianos deberían mantener cautela cuando se trata de su apariencia. ¿Qué normas en cuanto a la apariencia deben ser observadas por los pastores hoy? Veamos algunas.

1. Arréglese bien

¡La persona de aspecto más deslucido de visita en la habitación de un hospital no debería ser el pastor de la iglesia local! A los embajadores de un país no se les ve normalmente en lugares públicos usando sandalias, camisetas sin mangas o shorts. Se observa una norma de buen arreglo.

El buen arreglo tiene mucho que ver con la limpieza, aparte de la ropa. ¿Necesitamos que se nos recuerde que el buen arreglo incluye también la higiene adecuada? Sé de un pastor adornado de muchas cualidades que siempre hablaba muy de cerca con las personas. El problema era que tenía mal aliento. Creo que el ministerio de ese hombre habría tenido una influencia mayor si simplemente hubiera llevado consigo algunos caramelos de menta contra el mal aliento, y los hubiera usado la mayoría de las veces.

El buen arreglo tiene que ver también con el aspecto de su ropa. Debe estar limpia, planchada, que los colores combinen, y cambiarse con regularidad. La mayoría de los seminarios no ofrecen un curso básico sobre cómo vestirse. No importa cuántos títulos tenga usted, si se viste como un vago tendrá problemas para ser eficiente en el ministerio. Mire a su alrededor. La creación de Dios es ordenada. Las estrellas brillan. Las arenas se suavizan. Las flores son fragantes. Los árboles están hermosamente peinados. ¿No debería la creación suprema de Dios reflejar ese orden? Creo que sí.

2. Vista adecuadamente

Sé que la mayoría de las congregaciones ya no tienen una norma en cuanto a indumentaria. Pero hay cierta ropa que no es apta siquiera en el supermercado, y mucho menos en el lugar de adoración a Dios. Usted puede vestirse informalmente sin ser un desaliñado. "Todo vale" no vale en todas partes. El ministro cristiano puede ser un reflejo de su congregación en cuanto a su manera de vestirse, pero debe vestirse bien.

Algunas situaciones en el ministerio exigen una norma más elevada en cuanto a indumentaria. La ropa informal no tiene cabida, por lo general, en los funerales o las bodas. Sin importar su trasfondo religioso, la mayoría de las personas esperan que el ministro que oficie en esas situaciones esté "uniformado". Se debe usar un traje de buen gusto y de color atenuado, por respeto a las personas que están siendo honradas.

3. Vista con sencillez

Esté bien o no, algunos de su audiencia nunca escucharán lo que usted diga porque estarán enfocados en lo que usted lleva puesto. Algunas congregaciones esperan que su pastor se vista con elegancia. Otras lo toman a mal. Los ministros cristianos deben aprender a discernir lo que su congregación desea en cuanto a apariencia en el vestir. ¡He conocido a pastores que se han vestido como unos pordioseros cuando llegó el momento de proponer un aumento de sueldo para ellos en el presupuesto de la iglesia!

Los pastores, al igual que todos en su congregación, deben vivir dentro de sus posibilidades económicas, incluyendo el dinero que gastan en ropa.

4. Actúe apropiadamente

Los pastores pueden ser el alma de la fiesta, sin ser su hazmerreír. Su gente necesita saber que la religión tiene también un lado jovial. Pero ese lado jovial no tiene por qué incluir el humor negro. Las historias de mal gusto pueden parecer graciosas a algunos, pero para la mayoría representan un problema serio.

Los líderes cristianos no tienen que actuar como todo el mundo para ser parte de la multitud. Su estándar debe ser más alto. Nunca está mal añadir un poco de decoro a la reunión. De hecho, en algunos temas se *espera* decoro del parte del pastor. Nunca debe decirse de un pastor que "no actúa como un pastor". Los profesionales reflejan su profesión.

Las acciones apropiadas son especialmente importantes cuando se ministra a personas del sexo opuesto. El coqueto está excluido. Los comentarios inapropiados rondarán su ministerio. Unas relaciones íntimas con alguien del sexo opuesto, que no sea su cónyuge, destruirán toda una vida de servicio.

Y a la luz de las acusaciones o denuncias en cuanto a los abusos sexuales, el pastor nunca debe estar solo con jóvenes o niños.

Lamentablemente, vivimos en una casa de vidrio. Las personas le están observando, y comparando lo que usted dice con la manera como viste y actúa. Jesús siempre encajó, pero Él nunca se destacó por haber dicho palabras o realizado acciones inapropiadas.

Usted tiene una influencia total sobre los demás. No es en parte un ministro del evangelio; es totalmente un ministro del evangelio. Permita que Dios guíe su norma en cuanto a vestimenta, tanto como la preparación de su sermón. Viva de tal manera que la gente ame a Aquel que usted sirve.

11

Sobreviva al cambio

El cambio nos cambia. Somos vulnerables espiritual y emocionalmente cuando enfrentamos cambios en la rutina de nuestra vida. Los cambios vocacionales, de vivienda, relacionales, físicos o financieros, todos ellos pueden reducir nuestra estabilidad a cero. Abraham, el gigante del Antiguo Testamento, enfrentó una incertidumbre angustiosa cuando Dios lo llamó a dejar su tierra y a llevar su familia a un nuevo país.

Pero Abraham respondió obedientemente: "Por la fe Abraham, siendo llamado, obedeció para salir al lugar que había de recibir como herencia; y salió sin saber a dónde iba" (He 11.8). *Sin saber a dónde iba* es la clave en cuanto a lo que debe de haber sentido.

El cambio afectó también a sus seres queridos. Pensemos en cómo debió de haberse sentido su familia. Al igual que Abraham, enfrentarían despedidas tristes, la incertidumbre económica y situaciones extrañas.

El cambio nunca es fácil, pero ocurre. Cuando se produce, nuestro mundo por lo general se derrumba. Muchas veces los cambios que nos afectan más tienen causas subyacentes. Hay varias.

1. Promesas demoradas

Veamos la historia de la vida de Abraham. "Por la fe habitó como extranjero en la tierra prometida como en tierra ajena, morando en tiendas con Isaac y Jacob, coherederos de la misma promesa; porque esperaba la ciudad que tiene fundamentos, cuyo arquitecto y constructor es Dios" (He 11.9, 10). Y bien, ¿dónde está la ciudad? Lo único que veía era desierto y polvorientas tiendas de campaña como posada al final de largos días de viaje. ¿Una tierra prometida?

El problema es que estamos acostumbrados al café instantáneo y a las palomitas de maíz del microondas. ¿Promesas demoradas? Estamos detenidos en el ahora, como Abraham y su familia, tratando de salir adelante y ganarnos la vida a duras penas.

2. Problemas personales

Abraham tuvo también frustraciones personales. "Por la fe también la misma Sara, siendo estéril, recibió fuerza para concebir; y dio a luz aun fuera del tiempo de la edad, porque creyó que era fiel quien lo había prometido. Por lo cual también, de uno, y ése ya casi muerto, salieron como las estrellas del cielo en multitud, y como la arena innumerable que está a la orilla del mar" (He 11.11, 12).

¿No sería espantoso enfrentar la vida cuando uno ha sido declarado "ya casi muerto"? La edad y la debilidad habían sido un tipo de espera en la vida de Abraham. Dios le había hecho una promesa: Sus descendientes serían tan numerosos como las estrellas. Pero Abraham no podía ver las estrellas. Su familia sería tan numerosa como la arena, pero lo único que él veía era polvo.

Si usted no sabe lo que es eso, probablemente lo sabrá a la larga. ¡Las dificultades personales hacen difícil la vida! ¿Cuáles son algunos de sus síntomas? Los resentimientos nos envenenan. Los celos nos carcomen. La soledad nos aísla. Los sentimientos de incompetencia nos paralizan. Los problemas económicos nos atan. Las penas nos afligen.

3. Pruebas repentinas

Todos los que están en el ministerio tienen un "¡ese día!" La vida de Abraham habría sido muy diferente de no haber sido por *ese día*. Las Escrituras dicen que Dios probó a Abraham (Gn 22.1). Le llegó una prueba repentina. Dios estaba sometiendo a Abraham a una prueba de fuego. Quería que su protegido viera que la fe obra cuando enfrentamos *ese día*.

Dios le dijo a Abraham que sacrificara a su hijo. Dejó a sus criados atrás y tomó los materiales para el altar, juntamente con su único hijo, y comenzó el viaje más largo de su vida. El viaje desde Ur había sido facilísimo en comparación con estos pocos pasos.

"Padre, ¿dónde está el sacrificio?" El corazón de Abraham latía con fuerza. Estaba decidido a obedecer la orden de Dios. Abraham respondió: "Dios proveerá." Pero en lo profundo de su corazón debieron de haberse arremolinado las dudas.

Ese día, ese repentino momento de prueba en la vida del patriarca, no sería como ningún otro día. Abraham pasó la prueba. Confió en Dios. Luego Dios le dijo que no extendiera su mano sobre Isaac, y que Él le daría a Abraham un carnero para el sacrificio.

Quizás usted ha tenido días como ése. Su vida estaba muy tranquila, y de repente todo cambió. Un sonido de metal aplastando al metal. Una llamada telefónica. Un toque en la puerta. La sirena de una ambulancia. Usted enfrentó de repente una situación horrenda. Algo se esperaba de usted. Ninguno de nosotros está exento.

4. Sentimientos subyacentes

Los "sanadores heridos" normalmente ocultan su dolor. Éste permanece supurando debajo de la superficie.

A veces, nos sentimos impotentes. De repente, nuestra vida queda fuera de control, y sobreviene un sentimiento de vulnerabilidad. Hasta ahora, habíamos podido arreglar casi todo; pero ahora no podemos arreglar esto.

A veces, nos sentimos abandonados. Nos parece que quienes están a nuestro alrededor no pueden ver nuestro dolor. "¿Por qué yo, Señor?" le preguntamos. Pero muy a menudo, el cielo está mudo.

A veces, nos sentimos sin ningún valor. Nuestro orgullo y nuestra dignidad nos abandonan por un tiempo. Nuestras finanzas que antes fueron seguras, ahora son débiles. Nuestros cuerpos, que antes eran fuertes, ahora son frágiles. Nuestros hogares, que antes eran felices, ahora son un caos. Nuestros hijos, que antes eran respetuosos, son ahora rebeldes.

A veces, nos sentimos avergonzados. Quizás hemos sido protagonistas, no simplemente espectadores. Tomamos decisiones equivocadas. Nos propasamos. ¿Y ahora?

1. Haga confesión. Dudar de Dios es tan malo como desobedecerle. Reconozca su necesidad. Algunas confesiones

tendrán que ser hechas públicas; otras, de rodillas, a solas con Dios.

2. Pida perdón. Si su situación no es cubierta por la gracia, entonces es la única que no lo es. Por supuesto que está cubierta. El Salvador murió por usted para darle perdón y sanidad.
3. Salga de su estancamiento. Dé un primer paso en la dirección correcta: el paso de fe. Tome la decisión de no permanecer en las ruinas. Reclame el gozo del Señor como su fortaleza.
4. Conságrese al ministerio. Por lo general, cuando usted necesite más ayuda, la recibirá ayudando a otros. Su situación no fue un accidente. Dios ya la conocía antes de la creación del mundo. Utilice estas lecciones para enseñar a otros.
5. Venza la duda. Llene su corazón y su mene con la Palabra de Dios. Descanse. Haga una caminata de oración. Escuche música inspiradora. Lea un libro por placer e iluminación espiritual, más que con fines de estudio.

Usted puede sobrevivir a su situación; otros lo han hecho. No está solo, aunque se sienta solo. Jesús, su Capitán, ha prometido caminar con usted a lo largo de cada centímetro de su campo de batalla. ¡Y eso es la victoria!

12

Triunfe en medio de la adversidad

Si no ha ocurrido ya, sucederá con toda seguridad. Habrá momentos en su ministerio cuando su mundo parecerá estar desmoronándose. Y como sucedió con Zanco Panco, el personaje de la rima infantil de Mamá Ganso, representado como un huevo personificado, también parecerá que nadie a su alrededor será capaz de juntarlo otra vez. Usted puede estar examinando los cielos para ver si los buitres están volando en círculos sobre su cabeza.

Usted no estará solo. Cuando mire a su auditorio, habrá quienes, al igual que usted, están pasando también por situaciones en las que su mundo se les está desmoronando. Se estarán preguntando cómo podrán mantener su equilibrio mental y emocional. Cómo podrán enfrentar los peligros del nuevo día.

No, los obreros cristianos no son inmunes a los problemas más difíciles de la vida. Pueden estar en una situación difícil, con nubes de incertidumbre en el horizonte. ¡Pero están en una zona de prohibido aparcar! Armados con la Palabra de Dios y con la confianza en su esperanza, ellos pueden seguir adelante.

Los ministros no solo tienen la oportunidad de predicar esperanza, sino también de practicarla. Juan, el discípulo de Cristo, miró hacia afuera de la ventana del tiempo y tuvo un atisbo de la eternidad cuando escribió: «Amados, ahora somos hijos de Dios, y aún no se ha manifestado lo que hemos de ser; pero sabemos que cuando él se manifieste, seremos semejante a él, porque le veremos tal como él es. Y todo aquel que tiene esta esperanz en él, se purifica a sí mismo, así como él es puro" (1 Jn 3.2, 3). Pero, mientra tanto, usted y yo hemos sido llamados a dar algunos pasos para afianza nuestra fe, y también nuestro ministerio.

1. Descanse en la aceptación de Dios

Por dondequiera que usted mire, hay desesperanza, decadencia mora egoísmo, violencia, conflictos mundiales, ¡y pare usted de contar! Pero ha luz del sol detrás de esas nubes. El Señor Jesucristo no solamente ha vist su condición, sino que también ha hablado palabras a su corazón: "Uste ha sido libertado". Recuerde: lo que usted es, es mayor que aquello por l que está pasando. Isaías declaró la Palabra de Dios: "Ahora, así dice Jehov Creador tuyo, oh Jacob, y Formador tuyo, oh Israel: No temas, porque yo t redimí; te puse nombre, mío eres tú" (Is 43.1).

En *Cristianismo puro*, C. S. Lewis definió a la esperanza como un "continua mirada expectante hacia el futuro del mundo eterno." Un día, qu puede ser pronto, el reino de los cielos vendrá a la Tierra, y el Rey de rey reinará por los siglos de los siglos.

Usted puede no estar seguro de cómo o cuándo sucederá eso, pero d una cosa puede estar seguro: usted le pertenece a Aquel que tendrá la últim palabra. Puede descansar continuamente en el resultado final de su f Aférrese a la esperanza que Cristo trajo a su corazón, cada momento del dí

2. Descanse en la accesibilidad a Dios

Los buitres pueden estar dando vueltas sobre su cabeza, pero Dios sigu trabajando con usted. ¡El cielo está en alerta máxima! Isaías sirvió com el mensajero de Dios: "Cuando pases por las aguas, yo estaré contigo" (I 43.2).

Las crisis solo mejoran las líneas de comunicación. Tres miembros d la junta directiva de una iglesia se sentaron, y vieron cómo un reparad de teléfonos trabajaba en frente de la iglesia. Estando lo suficientemen cerca del técnico como para ser oídos, comenzaron a hablar de las mejor posiciones a adoptar en cuanto a la oración.

"De rodillas es, definitivamente, la mejor," dijo uno.

"No para mí," refutó otro. "Yo consigo los mejores resultados orando de ·ie, con las manos extendidas al cielo."

"Ambos están equivocados," comentó el otro. "La posición más efectiva n la oración, es acostado boca abajo sobre el piso."

El reparador de teléfonos no pudo contenerse más. Hizo una bocina con ıs manos, y gritó en dirección de ellos: "¡La mejor oración que he hecho en ıi vida fue mientras colgaba de cabeza de un poste de teléfono!"

El mundo puede estar de cabeza ahora mismo, y es posible que usted, en ı espíritu, esté de cabeza con él. Pero no es un tiempo para retorcerse las ıanos nerviosamente. Es un tiempo para orar con fe. Es un tiempo para eguir el consejo del antiguo rector de Wheaton College, Victor Edman: Nunca dudes en la oscuridad lo que Dios te dijo en la luz." Es un tiempo ara dejar esas dudas y ponerse el manto real de la justicia que ha sido mpiado por la sangre del Cordero, planchado en tiempos difíciles por el oder del Espíritu, y exhibido en las pasarelas del tiempo con éxito grande majestuoso.

. Descanse en las garantías de Dios

Las promesas de Dios son más grandes que la difícil situación que usted stá viviendo. Él prometió: "Cuando pases por las aguas, yo estaré contigo; y por los ríos, no te anegarán. Cuando pases por el fuego, no te quemarás, ni llama arderá en ti" (He 43.2). El Reino está aquí ahora mismo, y también or llegar. Puede haber unos pocos buitres volando en círculos sobre su abeza, pero Dios no le ha fallado antes, ¡y con toda seguridad no le va a llar ahora! Hay 7.487 promesas en la Palabra de Dios con el nombre de sted en ellas. ¡Dios sigue obrando a favor de usted! Jesucristo ya ha ganado guerra por usted. Ya no tiene que buscar una esperanza que se eleve por ncima de los horrores del tiempo. Esa esperanza ya es suya, imperecedera, empre fresca, inmarcesible, reservada en los cielos para [usted]" (1 P 1.4).

En un mundo de incertidumbre, le exhorto a hacer suya la misma eguridad que se ha pedido a usted que dé. Al ministrar paz, descanse en la az que Cristo le ha dado. Al vendar a los quebrantados de corazón, sienta ınidad interior en su alma. Al sentir la soledad de su llamamiento, recuerde constancia de su presencia.

13

Mejore su integridad

La promoción de una serie cómica de televisión contenía unas palabra interesantes del personaje principal: "Mi padre me enseño lo que e la integridad. Tuvo cinco esposas, pero nunca dejó de cumplir con e pago de sus pensiones alimenticias."

En cuanto a la integridad, nosotros estamos llamados a tener un estánda más elevado de la que nos ofrece el mundo. La integridad personal de u líder cristiano habla más fuerte que un brillante *currículum vitae*, un puñad de folletos o tarjetas de presentación. La integridad es algo que no puede se entregado a usted en una ceremonia de graduación. La integridad viene desd adentro. Es el resultado de una fe enfocada, decisiones rectas, asociacione honestas y un compromiso tenaz con la verdad.

Es hermoso cuando la integridad está presente en la vida de un líder, per cuando ella falta, ¡la vida se vuelve un caos! La integridad personal puede se una de las cualidades menos reconocidas por el liderazgo del siglo XXI, per ella dejará el más grande legado.

Más adelante, cuando los historiadores piensen en los líderes del día de ho lucharán por recordar cuántas personas tuvieron en su personal, y olvidará cuántos títulos tuvieron. Lo que recordará la historia es cómo fue la conduct de los líderes. Éstos serán conocidos en el futuro fundamentalmente por s nivel de integridad.

El poder del legado de la integridad se ve en la vida de dos hombres, en un publicación llamada *La cruz y la bandera*. Uno de los hombres fue Max Juke quien vivió como un incrédulo. Jukes tuvo 1.029 descendientes conocido de los cuales 300 murieron prematuramente. De los que sobrevivieron, 100 fueron enviados a la cárcel donde cumplieron condenas de un promedio de trece años cada uno; 190 fueron prostitutas; y 100 fueron alcohólicos. Con el correr del tiempo, la familia Jukes le costó al estado 1.200.000 dólares, y no hizo ninguna contribución positiva a la sociedad.

El segundo hombre, Jonathan Edwards, vivió en Nueva Inglaterra, aproximadamente en el mismo tiempo que Max Jukes. Él creía en Dios, y se convirtió en un prominente ministro cristiano. Edwards tuvo 729 descendientes conocidos. Trescientos llegaron a ser pastores; 65, profesores universitarios; 13, rectores de universidades; 60, escritores; 3, elegidos al Congreso; y uno llegó a ser vicepresidente de los Estados Unidos.

La integridad no puede ser fingida; el futuro la traerá a la luz. La pregunta más urgente que debe hacerse cualquier líder, es: "¿Cuál es mi visión?" o "¿Cuáles son mis habilidades?" Y el asunto más vital que cualquier líder debe resolver, es este: "¿Cuál es mi nivel de integridad?"

Lamentablemente, la integridad no se consigue en los sitios comerciales en línea donde se compra mercancía de todo tipo. Ni tampoco se puede tomar prestada de otro. Se logra con el esfuerzo diligente. He aquí algunas acciones a tomar para desarrollar la integridad:

1. Resuelva no hacer nunca nada privadamente que no pasaría el escrutinio público

La integridad personal viene de las decisiones que usted hace cuando nadie le está observando. Se determina durante un programa de TV o una película. Se ve cuando tiene el ratón de su computadora en su mano. Usted elige cuando decide lo que leerá cuando las luces de la oficina hayan sido apagadas, y se encuentre en su casa solo.

La integridad nace en el calor de la lucha. Influye sobre la marcha en las decisiones trascendentales. Normalmente, el carácter se muestra cuando uno está en una sesión de orientación, en una reunión de junta directiva, o en un ambiente vulnerable. Su resistencia a las actitudes y acciones incorrectas es lo que da nacimiento a la integridad.

2. Resuelva no hacer nada que las Escrituras desaprueban

Usted no tiene que mirar muy lejos para ver el camino a la integridad personal. Está tan cerca como la Biblia. Dios ha llenado al Libro con sendas muy bien marcadas. Y después prometió luz para el camino, de la misma fuente.

Estudie la vida de los líderes de la Biblia. Vea lo que ellos se negaron a hacer. Vea a lo que se aferraron fuertemente. Copie lo mejor de ellos. Permita que el Espíritu Santo haga correcciones en el curso, basándose en la verdad bíblica. Si usted quiere ser un estudiante aplicado de la integridad, aprobará el curso.

3. Resuelva no hacer nunca nada que traiga deshonra al Reino

Usted es un hijo de Dios. Es un ciudadano del Reino. Tiene una reputación que mantener. El mundo está juzgando a su familia espiritual por su comportamiento humano. Ese es un punto de presión, pero es verdad. Usted lleva la bandera. Es un soldado de infantería del Capitán, en la batalla más grande de todas.

Por supuesto, su fuerza no viene de sus resoluciones. Viene del poder de Dios que Él deja fluir libremente en su vida. Él no le enviará al campo de juego sin una estrategia o sin el equipo adecuado. Usted le pertenece a Él. Su seguridad está firmada con su sangre. Pida y recibirá.

4. Resuelva no hacer nunca nada que le robe su autoestima

Su valor ya sido determinado. Dios le hizo. Y todo lo que Dios crea está ensamblado perfectamente. Pero usted tomará decisiones que oscurecerán el reflejo en el espejo. Decidirá intencionalmente quitar la cerradura de la puerta a su corazón, para que el "ladrón" pueda robar.

Usted es el guardián. Tendrá que actuar a la primera vista o sonido de ataque del enemigo. Nunca se conforme con menos de lo que usted es, y de quién es su dueño. La autoestima es el fundamento sobre el cual reposa la integridad personal. Evite que ese fundamento se desmorone.

5. Resuelva no hacer nada que le haga vulnerable a Satanás

Como pastor, usted está en la línea de fuego de una gran batalla espiritual. Satanás, el enemigo, está maquinando constantemente su destrucción, poniendo minas terrestres de tentación en su camino. Pero usted no tiene que ser una víctima. Ya tiene la edad y la sabiduría suficientes para vigilar sus pasos. Manténgase alerta, y se mantendrá vivo. Esté alerta a los leones rugientes vestidos de encanto o astucia. Su integridad personal será su legado a quienes le sigan.

Dios perdona y olvida, pero los seres humanos mantienen álbumes de recortes. No les dé ningún material. Trabaje como si el ser efectivo en el ministerio dependiera totalmente de usted, y viva como si el mismo dependiera absolutamente de Dios.

14

Cómo tener tiempo libre

Pastor, ¿cuándo fue la última vez que tuvo un fin de semana libre? Si usted es como la mayoría, tiene dos días completos solamente una o dos veces en el año, cuando toma una vacación. ¿Y qué de esas vacaciones? ¿Cómo las pasa normalmente? ¿Visitando los parientes políticos? ¿Quedándose con amigos?

Tener tiempo libre es un problema para muchos pastores. Vivimos cerca de la oficina, trabajamos los fines de semana, y parece que tenemos pocas opciones en lo que se refiere a viajes. Como resultado, estamos inclinados a trabajar mucho. Al final, nuestra salud, nuestras familias y nuestros ministerios sufren.

Resuelva tomarse el descanso y el relajamiento que usted necesita. Haga una cita con uno de sus mejores amigos en el ministerio: su calendario. Tome control de su tiempo, y tómese el descanso que merece. Nuestra tarea es demasiado importante para arriesgarnos a fracasar por la fatiga. Relájese, recupérese, y después vuelva al trabajo con nuevas energías. ¡El Señor merece que usted le dé lo mejor!

Tomar tiempo libre no es un supuesto en el ministerio. Nuestras iglesias esperan mucho de nosotros, y nosotros esperamos mucho de nosotros mismos. Estamos impulsados a alcanzar algo para el Reino, y nos esforzamos por lograrlo.

Y el trabajo nunca se detiene. Nos llegan llamadas telefónicas a todas horas. Las emergencias se producen en los fines de semana. El pastor está siempre a disposición de todos. Eso significa que tenemos que ser creativos en cuanto a conseguir tiempo para desconectarnos del ministerio. Entre los programas de la iglesia, las prioridades de la familia y las exigencias del presupuesto, puede ser un reto encontrar tiempo para relajarnos provechosamente. Aquí tiene algunas maneras creativas para tener un tiempo de descanso antes de que sucumba y se extinga.

1. Trabaje duro

¿Le suena "trabaje duro" como una contradicción al consejo que le di en la introducción? No es así. Para tener un tiempo libre de manera regular, usted tiene que disciplinarse para trabajar diligentemente. ¡No desperdicie el tiempo en la oficina! Póngase a trabajar. Evita que las tareas pequeñas se acumulen y lleguen a parecerle abrumadoras. Y mantenga un horario de oficina regular. Cuando la gente sabe que usted está, por lo general, disponible, es tolerante con sus ausencias ocasionales. Pero el pastor que tiene un horario errático puede ser visto como perezoso. Esté allí cuando le necesiten, y usted podrá estar en cualquier parte cuando no esté.

2. Apunte días libres en su agenda

Para muchos feligreses, la más alta autoridad escrita no es la Biblia, sino la agenda del día. Incluso quienes nunca han oído hablar del cuarto mandamiento, entenderán que usted no puede tener una reunión con alguien debido a un conflicto en la agenda. Ellos no necesitan saber que el "conflicto" es un compromiso para llevar a pescar a su hijo. Programe los días libres en su agenda, y tómelos después.

3. Controle la mitad del día

Si usted debe trabajar a marchas forzadas, deje un espacio de por medio. Cuando tenga que trabajar durante una noche, no tenga temor de tomarse la mañana o la tarde del día siguiente. Dese un descanso, especialmente cuando las reuniones por las noches toman dos o tres días. Las tardes, cuando los chicos están en la escuela, son el tiempo prefecto para dedicarse a un hobby, leer o simplemente relajarse.

4. Tómese los lunes feriados

Cuando los chicos no vayan a la escuela, esté con ellos. Los pastores ya trabajan por lo menos la mitad de cada fin de semana. Pase con su familia el día en que se celebre el Descubrimiento de América, el Día de los presidentes, y otros días feriados en que están cerradas las escuelas.

5. Encuentre tiempo para aislarse

Busque un lugar donde pueda estar a solas o con su familia. Algún feligrés puede ofrecer generosamente el uso de una casa vacacional o un apartamento. Si le hacen la oferta, acéptela gustosamente. Pero aun cuando no tenga un retiro singular, puede encontrar un parque tranquilo, o un lugar apartado para pasar la noche. Encuentre un lugar donde usted y su familia puedan disfrutar de vez en cuando de total privacidad. Usted la necesita, y ellos también.

6. Aprenda a posponer algunas tareas

El trabajo del ministerio nunca está verdaderamente terminado. Para poder disfruto de algún tiempo de inactividad, usted tendrá que vivir con el hecho de que algunas tareas deberán esperar en su lista de cosas por hacer. Deje algunas tareas sin terminar, por lo menos durante la noche. Solo por un día, ignore la luz brillante de su contestadora telefónica, y apague su celular. Esto le hará mucho bien.

Se necesita disciplinar para relajarse. Pocos feligreses le preguntarán si ha disfrutado de un fin de semana con su familia recientemente, y la mayoría de las iglesias no lo obligarán a tomar su tiempo de vacaciones asignado. Le corresponderá a usted tomar el descanso que merece. Tómelo. Lo necesita, y será un mejor pastor si lo hace.

Parte 2

La vida familiar

La compasión cuesta. Es muy fácil discutir, criticar y condenar, pero la redención es costosa, y el consuelo recurre a lo profundo.
El cerebro puede argumentar,
pero se necesita un corazón para consolar."

Samuel Chadwick

Pues el que no sabe gobernar su propia casa,
¿cómo cuidará de la iglesia de Dios?

1 Timoteo 3.5

15

Haga de su casa un hogar

Dieciocho años. En menos tiempo del que se necesita para pagar completamente una hipoteca, sus hijos se graduarán de un pañal a un diploma. Usted pasará veinte, treinta o cuarenta años en el ministerio pastoral, pero apenas unos dieciochos años criando a sus hijos en su hogar.

Tiene más importante que hacer esto bien. El cuidado de la familia es su prioridad más alta, después de servir a Cristo.

Mucho más importante que su sermón del domingo o la asistencia promedio a la iglesia es el tiempo que usted invierta para ser un esposo y un padre dedicado. Sus hijos lo necesitan a usted mucho más de lo que la iglesia lo necesita.

Sus hijos, y los hijos de ellos, van a amar al Señor y a su Iglesia gracias a usted. No por los sermones que predica o por las reuniones de la junta directiva que preside, sino por su ejemplo de primera calidad como persona de fe y padre de carácter.

Ellos serán o bien los mejores, o bien los peores. Los hijos de los pastores están normalmente en un extremo del espectro. O aman la Iglesia y el ministerio (un alto porcentaje de hijos de pastores siguen a sus padres en el ministerio), o se rebelan contra ella (un número alarmante de ellos se descarrían).

¿Qué hace la diferencia?

Si bien cada hijo es responsable por sus decisiones, sabemos que la vida familiar del pastor tiene una influencia tremenda en la fe de los hijos del pastor. Cuando la casa pastoral es un refugio, los hijos florecen. Cuando el estrés de la iglesia invade esa casa, los hijos sufren.

He aquí algunas cosas que usted puede hacer para que su hogar sea un :fugio para sus hijos.

. Esté disponible

os recuerdos más importantes de sus hijos no serán los días de alta asistencia, i las metas alcanzados durante una campaña de mayordomía. Lo que más :cordarán serán los momentos que usted pasó con ellos. Usted es lo que más ecesitan sus hijos. La agenda del ministerio será lo exigente que el pastor le ermita ser. Un pastor dedicado puede trabajar cincuenta y cinco, sesenta o :tenta horas por semana. Tenga una agenda razonable. Tome un día libre :ligiosamente. (Yo estoy luchando todavía con esto.) Proteja celosamente sus oches libres. Deje que sus hijos sepan que el tiempo de ellos con usted es una ta prioridad.

. Deje los problemas de la iglesia en la iglesia

odo pastor enfrenta conflictos, el estrés y cuestiones difíciles de la iglesia. Jno de los retos más grandes para un pastor es no trabajar horas extra; debe ejar que los asuntos difíciles esperen hasta el día siguiente. Aprenda a dejar »s problemas de la iglesia en la iglesia. Que sus conversaciones en el momento e la cena tengan que ver con las tareas escolares, los deportes o las lecciones e piano de sus hijos. No permita que el estrés del trabajo invada la vida de ıs hijos.

. Filtre sus llamadas

Jn pastor está siempre disponible para atender llamadas y necesidades. Usted ecesita responder a situaciones de emergencia en cualquier momento del ía, pero no toda llamada telefónica a la casa del pastor es una emergencia erdadera. Tenga una grabadora de mensajes y un identificador de llamadas. No interrumpa un vídeo de la familia para tomar una llamada en cuanto al orario de la guardería infantil. Deje que la dama del correo de voz escuche a »s quejosos crónicos; usted puede devolver la llamada en la mañana, quizás.

. Tenga invitados

Como pastor, usted tiene contactos con algunas de las personas más interesantes el mundo. Usted se reúne con líderes de la comunidad, pastores, líderes de denominaciones, misioneros y artistas y músicos cristianos. Invite con criteri selectivo a su hogar, para cenar u otros eventos sociales, a algunas de est fascinantes personas. Usted enriquecerá la vida de sus hijos por su contacto co líderes de su comunidad, ¡y del mundo!

5. Tome fotografías

A los niños les encanta ver fotografías de ellos. Esto les permite saber qu son apreciados. Usted tiene hoy muchas opciones, y no necesita ser un gra fotógrafo. Consiga una cámara sencilla que solo requiere enfocar y dispara una cámara digital o una videograbadora. Haga fotografías o grabaciones c los buenos ratos.

6. Escápese

Las vacaciones son un gran problema para muchos pastores. No tienen u ingreso que les permita viajar a lugares exóticos, pero es difícil para un pastc descansar realmente si no sale de la ciudad. Se creativo e investigue. Encuent uno o dos lugares a donde pueda escaparse. Salga de la ciudad de vez en cuand A sus hijos les encantará, y también le hará bien a la salud mental de usted.

7. Ame su trabajo

El factor principal para que sus hijos puedan sentirse complacidos, es la actitu que usted tenga hacia su vida y su ministerio. Cuando se sienta frustrado agotado, haga algo al respecto. Busque consejo, ore, examine la situación de s llamamiento y de su ministerio. Mantenga renovado su amor por el ministeri y sus hijos lo amarán también.

Criarse en el hogar de un pastor puede ser un privilegio increíble para su hijos. El hogar de un pastor puede ser uno de los lugares más felices sobre l Tierra. Ame a sus hijos, ame a su Señor, y ame su trabajo. ¡Su casa será u pedacito de cielo en la Tierra!

16

CÓMO LLEVARSE BIEN CON TODOS

Vivimos en un mundo en el que las personas están divididas por muchas cosas: la religión, la economía, la política. Lamentablemente, los cristianos también están a veces divididos entre ellos. Cuando esa ivisión llega al hogar, la gran tarea de un padre es brindar unidad de propósito. ara hacer eso, a veces es necesario arreglar diferencias, reparar relaciones rotas contribuir a la paz.

Un estándar de comparación es algo que sirve como un patrón mediante cual otros pueden ser juzgados. Bernabé fue un apóstol que sirvió como stándar de comparación para relacionarse con las personas de una manera ositiva. En pocas palabras, Bernabé era un consolador, un alentador. De echo, ese fue el apodo que le dieron sus colegas: "Hijo de consolación." Él nía un don especial para influir en las personas, no teniendo en cuenta lo eor de ellas, sino resaltando lo mejor.

El resultado fue que sucedieron dos cosas. Primero, la Iglesia Primitiva creció or su ministerio. Segundo, su nombre es recordado y ensalzado como un emplo para los demás. Aprenda el secreto de Bernabé en cuanto al estímulo los demás, y lo más probable es que cosas parecidas sucederán en su hogar. quí tenemos el estándar de comparación de Bernabé en acción. Siga estas irectrices, y usted podrá llevarse con casi todo el mundo.

. El estándar para la generosidad

ernabé ponía las necesidades de los demás por encima de las sutilezas ersonales. En una ocasión, vendió una propiedad que tenía, y donó el monto de la venta a los apóstoles (Vea Hechos 4.36, 37). Bernabé consideró que la necesidades reales de los cristianos del Nuevo Testamento eran más importante que su acervo inmobiliario.

El liderazgo en el hogar implica sacrificio. Por lo general, los planes las ventajas personales tienen que posponerse para atender las necesidade inmediatas de los miembros de la familia. Aunque Dios era el dueño de mundo entero, renunció a todo para ser nuestro Salvador. Bernabé imitó es ejemplo de generosidad.

2. El estándar para el perdón

Bernabé era un constante alentador de otros creyentes (vea Hechos 1.22, 23) Algunos líderes ven el éxito de otros como una amenaza. Bernabé nunca lo vi así. Él se regocijaba siempre a otros les iba bien.

Busque oportunidades para alentar a su familia. Otros no lo harán. Uste tendrá que fijar el estándar que las personas imitarán. Aliente a su familia, y ello alentarán también a quienes les rodeen. ¡El efecto dominó creará verdadera olas en su hogar, su iglesia, su comunidad, y más allá!

3. El estándar para la restauración

Cuando Pablo y Bernabé se disponían a comenzar su segundo viaje misionero tuvieron una serie disputa en cuanto a un joven llamado Juan (conocid también como Marcos). Puesto que Juan había desertado de ellos en el prime viaje, Pablo vetó la idea de llevar a Juan otra vez. Bernabé, el empedernid alentador, quiso dar una oportunidad más al joven. Pablo y Bernabé tuviero un desacuerdo tan grande, que decidieron separarse. (Vea Hechos 15.36-41) Bernabé se quedó con Juan, y el joven demostró lo que él valía cuando le fu dada una segunda oportunidad.

Esté dispuesto a perdonar el pasado, y a dar a un miembro de su familia otr oportunidad para que tenga éxito. ¿Por qué razón? Porque en algún moment usted también falló en cuanto a responder a las expectativas de otras personas Usted está en el liderazgo porque alguien le dio una segunda oportunidad Está liderando por el ejemplo, porque está siguiendo el ejemplo de otros.

¿Responde su ministerio en el hogar al estándar de comparación de Bernabé? Sea generoso, perdonador, alentador y dispuesto a restaurar a otros y fijará un estándar que perdurará más allá de su ministerio.

17

Características de una familia sana

Los miembros de la familia que Dios le ha permitido no eligieron necesariamente formar parte de su equipo pastoral. Sin embargo, se encuentran abiertos al escrutinio de toda la congregación. La tarea de ellos es enorme: ser los mejores ejemplos, y al mismo tiempo ser normales.

Pastor, si usted se ha preocupado por el bienestar de todos en su iglesia, pero ha descuidado a su familia, necesitará reordenar sus prioridades. El cuidado de ella y su protección son lo primero en su lista de cosas por hacer. Las prioridades de la familia deben ser más importantes que las del ministerio. ¿Cuáles son las prioridades de su familia? Darles un ejemplo de piedad, enseñanza, aliento, conexión en una atmósfera de amor cristiano, aceptación y conducta moral. Pero usted les dará también otras cosas.

1. Seguridad económica

Proveer económicamente no significa darles cheques firmados o tarjetas de crédito sin límites. Usted tiene la responsabilidad de ayudarlos a tener una agenda financiera, ¡o al menos servir como vicepresidente del "comité de finanzas" del hogar!

Aprenda a detectar las tendencias peligrosas, y a hacer las correcciones de rumbo. Por ejemplo, si el cajero tiene que utilizar una lupa para leer los números desgastados en la tarjeta de crédito, es entonces el momento de ajustar el flujo financiero, enfocándose más en el débito que en el crédito.

Si la alcancía de la familia está asmática por el polvo que le ha caído, es tiempo de poner más atención al ahorro que a los antojos. Si dos o más miembros de la familia están trabajando solamente para pagar la deuda por la compra del televisor de pantalla grande, es el momento de rechazar el concepto de que más grande es equivalente a mejor.

2. Estabilidad

Su actitud positiva es un ancla para las miles de tormentas que enfrentará su familia en el mundo que tenemos después de septiembre 11, 2001. Hay una historia estupenda de un niñito sentado en la sección económica en un vuelo. Pronto, una tormenta comenzó a sacudir a la nave como un perrito al que se le ha anudado un calcetín. Uno de los nerviosos pasajeros miró al niño, y comentó:

—Hijo, ¿no estás un poco nervioso?

—No—, respondió el niño con confianza.

—¿Por qué no?—, preguntó el pasajero.

—Porque mi papá está volando este avión, y ésta es su ruta normal.

Su familia necesita aprender de su confianza en Dios, de la fe que lo sostiene a usted cuando vienen las tormentas. Ellos estarán en algunas de esas tormentas. Conocerán que es lo que le da a usted calma.

3. Reconocimiento

Reconocer talento y dones de los hijos puede sentar las bases para toda la vida de ellos. Decirles con palabras, o sin ellas, "creo en ti", hará que su hijo o hija desarrolle confianza en sí mismo. Por experiencia personal sabemos que lo que creemos afecta cada una de las áreas de nuestra vida.

4. Afecto

Muchas guerras en el hogar, con el cónyuge o con lo hijos, han sido terminadas con un abrazo o un beso. Las cuatro pequeñas palabras que convierten a las casas en hogares, no son: "¿Y el control remoto?" Las cuatro pequeñas palabras más importantes son: "Yo te amo mucho." Esos afectuosos abrazos que se dan en la iglesia necesitan ser también frecuentes en el hogar.

5. Instrucción

Usted probablemente no enseñará a sus niños utilizando presentaciones en PowerPoint o escribiendo en una pizarra. Los enseñará con su ejemplo, y también con sus palabras. En cierto sentido, usted es también el pastor de la familia, y dar lecciones para la vida basadas en la verdad bíblica está en su descripción de trabajo.

6. Protección

Solía ser que todos los grandes lobos malos estaban solamente en los cuentos de hadas. Pero ahora tienen una dirección electrónica y se pasean por las etéreas avenidas de Internet con moralidad de trinchera. Usted tiene que estar en alerta máxima. ¡Allí hay monstruos!

Ya sea que usted esté viviendo en un vecindario "muy amable, muy tranquilo", o en uno muy "peligroso", la responsabilidad es la misma: usted es un guardia de seguridad.

Proteja a su familia de las actitudes dañinas. La cultura en la que usted vive está tratando de convencerla de que todo vale. Usted tiene la oportunidad de poner algunos "no" y "si" en la mente de ellos. Necesitará probablemente tomar la delantera. En el momento que su hijo adolescente entre a la universidad, ya será demasiado tarde. Cuando él está todavía pequeño, usted tiene la oportunidad de poner algunas señales de límites de velocidad.

Proteja a su familia de adicciones nocivas. Fije un ejemplo con su propia vida. Rechace ser parte de estilos de vida adictivos. Predicar contra los excesos es más fácil si usted se alimenta constantemente con comida sencilla. Las decisiones que usted tome en cuanto a comida, o ver TV, navegar por Internet, o lo que sea, afectarán directamente a su familia.

Proteja a su familia de amistades perjudiciales. Usted necesita tener una dosis doble de sabiduría. Necesitará saber cómo ver más allá de la ceja perforada de la chica que sale con su hijo para ver su mirada visionaria. Necesitará ver más allá de la apática mirada de lagarto del enamorado de su hija para ver su alma. A veces, usted predicará un mensaje amable, y otras veces orará y ayunará. Ambas cosas tienen su lugar, siendo la oración lo prioritario.

Santiago 1.5 dice: "Y si alguno de vosotros tiene falta de sabiduría, pídala a Dios, el cual da a todos abundantemente y sin reproche, y le será dada." ¡Así es! Dios ha prometido darle las palabras correctas: sabiduría para decir suficiente sin decir demasiado; sabiduría para amar sin conceder licencia; sabiduría para soltar sin ir demasiado lejos; sabiduría para mostrar a sus hijos cómo escoger a sus amigos de la manera que usted escoge a los suyos.

Es difícil ser un padre o un esposo en el siglo XXI. Las exigencias son altas.

Fije las prioridades correctas. Confíe en Dios. Conéctese con su Palabra. Haga de Él primer número de discado rápido en su teléfono celular espiritual, y llámelo con frecuencia. Y cuando menos piense, usted estará sonriendo al ver esas fotos de la graduación o el aniversario de boda de sus hijos.

18

HÁBITOS FINANCIEROS PARA LA VIDA

Lo llamaban el Hombre Centavo, un maestro de la escuela secundaria que tenía un extraño hábito. Siempre que veía un centavo en el piso, se detenía y lo recogía. Sus colegas sonreían, y sus estudiantes se reían en voz alta por esta práctica. Algunos, incluso, ponían centavos a lo largo del piso por donde este maestro, de edad mediana, pasaba. Él se detenía fielmente para recoger cada uno de ellos.

¿Era un excéntrico? Posiblemente. Pero recogía varios dólares cada semana. Este maestro había aprendido una lección que sus estudiantes adolescentes parecían no ser capaces de entender: que el dinero es importante.

El dinero también es importante en la vida de usted. La forma como usted maneja aun las cantidades pequeñas del mismo, revela algo en cuanto a su carácter. Su capacidad para manejar sus finanzas personales ofrece una pista en cuanto a cómo maneja usted el dinero de lo que usted administra. En estos tiempos, más que nunca, los líderes deben tener integridad en el área de las finanzas.

Los líderes están llamados a ser un modelo de las mejores virtudes cristianas, entre las que están el ser dignos de confianza en cuanto al dinero, y también moral y profesionalmente. Usted probablemente conoce a alguien que tenía el conocimiento y las habilidades para liderar a las personas hacia su misión y propósito, pero que fracasó en cuanto al aspecto económico.

Hay veces en las que la integridad de un líder cristiano se ve comprometida en la fila al pagar en la caja de una tienda. ¡Una tarjeta de crédito corporativa bajo el control del hombre "natural" es tan peligrosa como un gorila con un caso grave de indigestión! Si hay algo que un líder necesita manejar bien, es el dinero.

El apóstol Pablo escribió lo siguiente a líderes del Nuevo Testamento: "Pastoread el rebaño de Dios entre vosotros, velando por él, no por obligación, sino voluntariamente, como quiere Dios; no por la avaricia del dinero, sino con sincero deseo" (1 P 5.2 LBLA). ¡En otras palabras, no deje que su ministerio sea controlado por su dinero!

Esa advertencia es tan importante en su lugar, como lo es en su iglesia u organización. Manejar el dinero es una habilidad vital que todo miembro de la familia necesitará agudizar. Usted es el maestro de ellos. Cuando usted practica una buena administración del dinero, lo incentiva en los demás.

He aquí cuatro hábitos que mantendrán a su familia en buen equilibrio en cuanto al dinero.

1. Proteja su puntaje crediticio

Gracias a Internet, ahora es más fácil que nunca saber cuál es su puntaje crediticio. Es importa que usted lo sepa; los demás lo saben. Cuando usted solicita un préstamo para comprar un automóvil, conseguir una tarjeta de crédito, una hipoteca, o incluso un pago a plazos al odontólogo, su historia crediticia estará publicada a la vista de todo el mundo.

Un buen puntaje crediticio no solamente le ahorrará dinero al ponerle en línea para tasas de interés más bajas y otros servicios preferenciales, sino que también elevará la opinión en cuanto a usted de los que forman parte de la comunidad financiera. La mala noticia es que cualquier problema en cuanto a crédito que usted haya tenido puede afectar su vida profesional y personal durante varios años.

Haga los pagos a tiempo. Nunca exceda el límite de su tarjeta de crédito. Resuelva las diferencias con los acreedores de inmediato. Su reputación financiera es tan valiosa como su reputación profesional. Protéjala bien.

2. Elabore un plan de ahorros

El consejo de John Wesley de ganar lo más que uno pueda, ahorrar lo más que uno pueda, y dar lo más que uno pueda, sigue en el primer lugar de lista de consejos en cuanto al dinero. Es fácil gastar todo el dinero que uno gana, y mucho más. Ahorrar dinero exige una planificación cuidadosa y disciplinada. El saldo de una cuenta de ahorros o de una inversión crecerá con el tiempo, pero usted tiene que alimentarlo y regarlo con aportes regulares.

Si usted no planifica para enfrentar una crisis económica, está planificando tener una. Su automóvil se averiará. El techo de su casa necesitará ser reemplazado. Alguien en su familia podrá necesitar asistencia médica. Si usted no ha reservado dinero para enfrentar estas posibilidades, se convertirán en crisis.

Empiece con una cantidad pequeña. Comience a ahorrar ahora mismo, y su dinero estará allí cuando más lo necesite.

3. Resista lo irresistible

Casi todas las tiendas tienen artículos que las personas compran por impulso, colocados junto a la caja registradora. Revistas, barras de chocolate, refrescos. Los vendedores saben que si usted ve estas cosas, pensará: *Tengo que tener eso.* Pero usted no tiene que tenerlas.

Aprenda la diferencia entre "necesidad" y "deseo". Esto le evitará miles de dólares. Solo porque su vecino o su colega tenga el artefacto más moderno o la más reciente no significa que usted lo necesita. Su vecino o su colega puede estar luchando contra los efectos de las compras impulsivas, y usted ni siquiera lo sabrá. Sin embargo, cae en este patrón y descubrirá las consecuencias.

4. Haga planes hoy para mañana

Antes de que usted se dé cuenta llegará a la edad de jubilación. ¿Qué hará, entonces? Si ha planificado cuidadosamente su jubilación, enfrentará ese día tranquilamente. Pero si su jubilación inminente le llega como una sorpresa, lo más probable es que se ponga ansioso y preocupado por el futuro. Desarrolle una estrategia de inversión a largo plazo que dará fruto en los años venideros. Consulte a un asesor financiero, si es necesario. No permita que sus años dorados se conviertan en años de tensión económica.

Como líder de la familia, usted será evaluado por su desempeño en muchas áreas: habilidades profesionales, integridad personal, claridad de visión e integridad en cuanto a las finanzas. Cultive estos hábitos y la reputación financiera de su familia brillará tanto como su pasión por el ministerio.

19

Reluzca lo mejor en los miembros de su familia

A veces es tentador conformarse con una segunda opción. Recuerdo a la mujer soltera que conoció a un hombre bien parecido en la caja de la tienda, e iniciaron una conversación.

—¿Dónde trabajas? —preguntó ella.

—En estos momentos estoy desempleado —dijo el hombre—. Acabo de terminar de cumplir una condena de treinta años por robo armado.

El rostro de la solitaria mujer se iluminó como un aviso de "abierto" de neón.

—¡Así que estás soltero!

Hay un lugar donde una segunda opción no es aceptable: su familia. No importa cuántos premios reciba usted por el crecimiento de su iglesia, si usted descuida el hogar, ha sufrido un revés en su carrera. Muchas veces, los miembros de la familia ocupan un lugar secundario en los planes y programas del pastor. Eso nunca debe suceder. Su familia jamás debe ser sacrificada en el altar del ego o de la aclamación. Aparte del tiempo que usted pasa con Dios, el tiempo y las energías que usted pase con los suyos es su mejor inversión. Su familia merece lo mejor: sus mejores esfuerzos, su mejor tiempo, y su mejor atención.

Hace poco escuche una conversación entre dos madres en el vestíbulo de nuestra iglesia, en el tiempo entre la escuela dominical y el servicio de adoración. Una de las madres se veía un poco desarreglada mientras se desahogaba con su amiga.

—Simplemente, —estaba diciendo una de ellas— , no logro que mis hijos hagan algo en la casa. Termino haciéndolo todo yo misma: la limpieza, el lavado de los platos, de la ropa, y el trabajo en el patio. No sé cuánto más tiempo podré aguantar eso. ¡Estoy agotada!

Obviamente, estos hijos necesitaban participar en una reunión de emergencia del consejo de administración del hogar. Estaban mostrando lo peor que había en ellos. Alguien debía haber tenido la tarea de buscar lo mejor que había en ellos, y sacarlo a la superficie.

He aquí lo que usted puede hacer para sacar a relucir lo mejor que hay en quienes viven bajo su techo.

1. Ámelos

Los miembros de su familia necesitan saber que usted los ama más que a sus feligreses. Para crear esta seguridad, será necesario más que la compra de objetos costosos en las fechas de cumpleaños o aniversarios. Exige el esfuerzo cotidiano de ponerlos a ellos primero. Permita que los miembros de su familia sepan que son valorados, necesitados, y que sus esfuerzos son apreciados. Este conocido dicho es realmente cierto: "A las personas no les importa cuánto sabe usted, si no saben cuánto le interesan." Si usted ama y demuestra aprecio a los miembros de su familia, ellos normalmente darán lo mejor de sí mismos, porque saben que son importantes para usted.

2. Inclúyalos

Invite a los miembros de su familia a ser parte del equipo pastoral. Por ejemplo, su cónyuge puede tener un papel importante en los ministerios de compañerismo de la iglesia. Sus hijos pueden ser orientadores de otros niños, y sus adolescentes pueden ser mentores de otros adolescentes, o ser activos en el ministerio con los niños. Usted sabe qué habilidades tienen los miembros de su familia que podrán aportar con efectividad, sin dejar afuera a otros feligreses muy competentes. Por supuesto, existen precauciones. Los laicos de su iglesia deben ser los primeros a quien usted les pida colaboración, pero no debe pasar por alto las habilidades de los miembros de su familia para llenar los vacíos.

Su cónyuge será parte del equipo de asesoramiento de la iglesia, le guste o no. El concepto de "*¡Mi esposo fue el llamado a ser el pastor, no yo!*" es ridículo.

Las parejas en el ministerio son esencialmente copastores; aunque por lo general no son reconocidos como tales, y, sin lugar a dudas, no reciben igual remuneración.

El asesoramiento confidencial entre los pastores y sus cónyuges no es solamente clave para el ministerio efectivo, sino también para una relación conyugal efectiva.

El llamamiento que hace la iglesia es un llamamiento a ambas partes. ¡La dirección de Dios se percibe, por lo general, en ambos pares de oídos! Las parejas donde uno de los dos cónyuges no siente el mismo jalón de la oportunidad pastoral, deben examinar de nuevo el llamamiento. Dios normalmente habla a ambos corazones que están buscando su voluntad en una decisión en cuanto al ministerio.

3. Enséñelos

Pastor, usted es un mentor para su familia. Su tarea es ayudarla a comprender quiénes son, y qué pueden hacer en bien de la obra del Señor. Los miembros de la familia se desaniman, por lo general, porque no saben qué se espera de ellos.

Permita que los miembros de su familia conozcan la declaración de misión. Explique las metas generales que usted se está esforzando por alcanzar. Presente una visión en su hogar, como lo hace en la iglesia. Defina sus objetivos al nivel de entendimiento de los miembros de su familia

Un solo pase bien dirigido puede ganar un campeonato de fútbol. Una familia bien enseñada puede revolucionar a un pastorado, ¡e incluso a toda una iglesia!

4. Apóyelos

Usted levanta el ánimo de sus hijos por medio de sus palabras y sus acciones. Los alaba ante la gente que está en las tribunas. Para usted, y en su corazón, sus hijos son el mejor equipo. Es verdad que de vez en cuando se les caerá la pelota, y sus habilidades serán puestas en dudas (al igual que las suyas). Pero eso no significa que debe dejar que los críticos sean los que tengan la última palabra. Anime a sus hijos en público, y póngase del lado de ellos y apóyelos en privado. Su lealtad será contagiosa.

Las familias cristianas están en la tabla del carnicero en este tiempo. No permita que ella sea una de las bajas. Si algún miembro de la familia se desmorona, y ocurrirá algunas veces, no deje que sea por falla de usted en crear un buen fundamento y en aplicar la corrección.

Usted está liderando a una multitud de personas al Reino eterno. Asegúrese de haber dado lo mejor de usted para poner a su familia al frente de la marcha.

20

Cómo hacer sentir importantes a los demás

La magnate de la industria de los cosméticos, Mary Kay Ash, dijo una vez: "Todo el mundo tiene una señal invisible colgada del cuello, que dice: '¡Hagan que me sienta importante!' Nunca olvide este mensaje cuando trabaje con las personas." Los miembros de su familia llevan puesto esa señal.

Dos de los discípulos de Jesús, Jacobo y Juan, mostraron un caso clásico de rivalidad entre hermanos cuando intentaron que Jesús los favoreciera por encima de sus colegas apóstoles. En vez de una dura reprobación, Jesús les dio una lección en cuanto a liderazgo humilde: "Porque ni aun el Hijo del hombre vino para que le sirvan, sino para servir y para dar su vida en rescate por muchos" (Marcos 10.35-45 NVI).

Si usted desea liderar a su familia, debe servirles. Tiene que creer que sus problemas son las suyas, y que sus alegrías y sus necesidades son también las suyas. Si usted hace eso, ellos no solamente le deberán respeto, sino que se lo habrá ganado, y ellos estarán dispuestos a dárselo gozosamente.

Si usted quiere poner primero a su familia, estudie las acciones y las reacciones de un cachorro. Los cachorros tienen las cinco características que los líderes que deseen poner a "la familia primero" deben simplemente aprender a tener.

1. Se interesan por su presencia, no por su pasado

Los cachorros son perdonadores por naturaleza. No le preguntan dónde estuvo usted, y tampoco les importa a qué hora se supone que debía estar en casa. Cada vez que llega, se alegran de verle. Por supuesto, eso no anula las normas de la casa ni la fijación de parámetros para la seguridad de sus hijos. Significa simplemente que sus hijos deben entender que su hogar no está completo sin ellos.

El apóstol Pablo escribió: "Sed benignos unos con otros, misericordiosos, perdonándoos unos a otros, como Dios también os perdonó a vosotros en Cristo" (Ef 4.32). Al igual que un cachorro, no sea demasiado severo con las personas. Eso no es un llamado a una "gracia barata", sino un recordatorio de que la gracia es maravillosa, y de que todos la necesitamos a manos llenas. Esfuércese por crear un hogar lleno de gracia. Acepte sus disculpas, olvide los agravios, y dé el regalo más valioso imaginable: una segunda oportunidad.

2. No pueden ocultar sus intenciones

Los cachorros nunca fingen sus emociones. Sus besos empalagosos, su recibimiento dando brincos, y el meneo de sus colas son siempre sinceros. Usted nunca tendrá que preguntarse qué estarán pensando los cachorros, porque ellos se dejan llevar por cada impulso que entra en su mente.

Sin ser impulsivo, usted debe ser expansivo y sincero con sus hijos. Cuando los alabe, asegúrese de ser genuino. Cuando tenga críticas o preocupaciones bien fundamentadas, no se las guarde; encuentre formas adecuadas y a la manera de Cristo de hacérselas conocer. Todas sus aspiraciones deben ser conocidas por todos; no debe haber planes ocultos. En el caso de un buen líder, lo él ve es lo que logra.

3. No les importa su pedigrí

Las personas están preocupadas por su pedigrí, pero los cachorros no. Cuando su cuidador entra por la puerta principal, un cachorro nunca examina sus credenciales ni se preocupa por los títulos que tenga. Ellos saben cuándo son queridos, y eso es suficiente.

Usted debe especializarse en el interés por el bienestar de los miembros de su familia. Preocuparse por los detalles menores nunca es tan importante como asegurarse del bienestar de ellos. E interésese siempre más por las almas de los miembros de su familia, que por su desempeño o sus logros.

4. Son fieles por naturaleza

Los cachorros le amarán, ya sea que los alimente con la mejor carne servida en el tazón más fino, o con galletas granuladas en un plato de aluminio. Si existe el gen de la fidelidad, todos los cachorros lo tienen.

Los líderes del hogar también deben ser fieles. El líder más grande de todos, Después del fiasco en la fogata cuando Pedro negó al Señor tres veces, Jesús lo perdonó, y le dio una nueva tarea en el ministerio: "Apacienta mis ovejas" (Jn 21.17).

Nunca se dé por vencido con su familia. Siga adelante con ellos, en las buenas y en las malas.

5. Son entusiastas

Usted puede estar más triste que un candidato presidencial derrotado en una elección, y aun así animarse cuando vea su cachorro. Los cachorros saben cómo hacer sentir alegres a las personas adondequiera que van. Disfrutan de la vida, y todo el mundo lo sabe.

Los buenos líderes aman la vida, y también su trabajo. Su entusiasmo es contagioso. Levantan la moral de los demás adondequiera que van. Si usted se siente entusiasmado por liderar su organización, su familia no dejará de sentir lo mismo. Fije un tono positivo, y obtendrá resultados positivos.

Pero la familia primero. Ese es el mejor consejo que puede recibir cualquier líder. Ningún hogar es más fuerte, más sabio o más dinámico, que las personas que lo componen. Edifique a su familia, y estará edificando su propio futuro

¿Le suena imposible? Si un cachorro puede hacerlo, ¡usted también puede!

21

Cómo crear una atmósfera de aprecio

Una vez tuve un miembro del personal que era muy sensible a la dirección del Espíritu Santo al tratarse del ministerio de misericordia. Cómo líder de cien jóvenes universitarios, se sentía obligado a ser un ejemplo de benevolencia para la comunidad, pero en el camino tuvo una pérdida de equilibrio.

Un día me dijo en confianza: "No sé qué hacer. He estado pensando seriamente en vender mi casa y los automóviles, y llevar a mi esposa y a mis niños a vivir entre los indigentes. Me siento culpable de ministrarles solo ocasionalmente, y luego venir a mi casa para estar rodeado de comodidades y de seguridad en la noche."

Lo miré y le dije: "El don que Dios te dio que es la enseñanza. Lo que tus estudiantes necesitan es alguien que les enseñe cómo ministrar a los indigentes de nuestra ciudad, pero no necesariamente yendo a vivir en las calles. Tus estudiantes necesitan alguien que les presente el desafío de ministrar a los indigentes, y los métodos que pueden utilizar para ayudarlos con sus necesidades."

El alivio se le reflejó en el rostro de inmediato. Simplemente necesitaba alguien que apreciara su llamamiento. Eso funciona también el hogar. Como líder, esa es su responsabilidad para con cada miembro de su familia. Celebre la contribución de ellos. Manifiésteles el valor de lo que hacen. Su estímulo los ayudará a mantenerlos en buen camino en su vida personal y en su vida espiritual.

En Alaska no se da la palmera; allí hace demasiado frío. Las plantas tropicales necesitan calor. Las orquídeas no florecen en el desierto, porque éste es demasiado seco. Las flores frágiles necesitan mucha humedad. Si usted quiere que una planta se desarrolle, necesita proporcionarle el ambiente adecuado.

¿Es esto obvio? No siempre. Muchos líderes tratan de formar una familia sin darles el ambiente adecuado. Ellos necesitan aprecio para poder florecer. Niégueles el aprecio, y se secarán más rápido que una gota de agua bajo el sol del desierto. Pero deles mucho aliento, y crecerán como la secuoya y se multiplicarán como la calabaza.

He aquí algunas maneras de crear una atmósfera de aprecio en su hogar.

1. Celebre los éxitos

Un miembro de su familia ha estado trabajando durante semanas en un proyecto de la escuela o de la comunidad. Está agotada, pero el esfuerzo valió la pena. Su gran día llegó sin ningún problema. Ya terminó todo, ¿verdad? No necesariamente. Como el líder en su hogar, usted tiene un trabajo más que hacer. Celebre su éxito.

2. Alabe en privado

Estimule a los miembros de su familia individualmente. Dígales: "Te aprecio." Cuando usted los anima diciéndole "¡bien hecho!" no solamente los alentará, sino que también será un ejemplo para que ellos estimulen a otros. Usted notará pronto que los miembros de su familia estarán haciendo lo mismo con los demás, ¡y con usted!

3. Alabe en público

Alabe a los miembros de su familia frente a los demás. Hágales saber cuán valiosos son los miembros de su familia a sus ojos. Que los demás oigan el aprecio que usted tiene a su familia. Sea justo e imparcial, sin favoritismos, y tenga cuidado de no dar lugar a los celos. Permita que cada persona de su familia sepa cuánto la aprecia como persona.

4. Preste atención a las necesidades

Su alabanza sonará vacía si no está basada en la realidad. Decirle: "Estás haciendo un trabajo excelente" puede parecer insincera a alguien que crea que está bregando con algo. Pero hágalo, de todos modos. Manténgase conectado.

Observe sus logros y sus fracasos, y dé estímulo según el caso. Preguntar: "¿Cómo podemos aprender juntos de esto?" puede ser tan estimulante como alabar un éxito.

No olvide los cumpleaños y los aniversarios. Esté presente cuando los miembros de su familia se involucren en un evento recreativo, escolar o comunitario, aunque eso signifique re-programar una cita o una reunión. Muestre interés en sus hobbies. Cuando los miembros de su familia saben que usted está al tanto de sus necesidades, tendrán mayor confianza en usted.

5. Incluya a la familia

Sus elogios no deben ser solo en la iglesia. Los miembros de su familia necesitan también esos abrazos de amistad y simpatía. Tráelos con el mismo cariño que le da a un nuevo creyente en su clase de discipulado.

Traiga un poco de alegría a su hogar, con la misma intensidad de la que llevaría a la habitación de un hospital. Sé que su hogar es un lugar donde puede tomar un descanso, pero tomar un descanso de los razonables actos de bondad y cortesía, hará más daño que bien.

Los miembros de su familia creen en lo que usted está haciendo. Deles el mismo apuntalamiento positivo que daría a los maestros de la escuela bíblica dominical. Dígales que su contribución es importante.

6. Haga del reconocimiento un estilo de vida

¿Es usted un inspirador? Algunas personas no lo son. Su perspectiva pesimista de la vida se extiende a sus relaciones. Desalientan la moral de otros al estar pensando todo el tiempo en problemas, no en la alabanza.

Cultive un estilo personal que contribuya al éxito de otros. Mire a los ojos de los miembros de su familia, y escuche lo que le dicen. Pregúnteles cómo están y qué necesitan. Diga con frecuencia cosas como: "Te amo," "gracias" y "bien hecho". Su estima personal fijará el tono en su hogar.

Todo el mundo se siente a las mil maravillas con el estímulo. Probablemente usted está en una posición de liderazgo hoy porque alguien creyó en usted, y se lo dijo. Recuerde cómo lo motivó ese reconocimiento, y póngalo en práctica. Dé reconocimiento, y ayudará a su familia a tener éxito.

22

Cómo escuchar con interés

Vivimos en una época en la que hablamos con interés sobre algún negocio, o sobre temas que nos interesan. ¿Por qué no, también, escuchar con interés lo que les interesa a otros? Lo que los líderes aprenden de otros puede ser tan importante como lo que los demás aprenden de ellos. Nunca habrá esa transferencia de ideas sin escuchar. Pero no solamente escuchar, sino escuchar con interés. Escuchar en sumo grado. La manera de escuchar que recoge suficiente información de otra persona, para encender fuegos con visión de futuro y dar calor al mismo tiempo.

Líder, usted debe ser esa clase de oyente. "Escucho con interés" debe estar mencionado en la columna de habilidades de su *currículum vitae*, y también en el corazón de los miembros de su familia. ¡Eso es muy importante!

Es posible que usted esté más enfocado a hacer sonidos que a absorberlos. Piense en ese niño pequeño que empieza a caminar, que está tan presuroso para chillar, gritar o hablar. Ese es el niño de quien usualmente se dice: "Va a ser un predicador, como su papá." Pero los predicadores más grandes han sido los que han tenido una gran habilidad para escuchar. Lo que aprendieron de ellos lo tradujeron en sus cualidades de carácter más importantes.

Conviértase en alguien que sabe escuchar con interés. El apóstol Santiago dijo: "Mis amados hermanos, todo hombre sea pronto para oír" (Stg 1.19).

He aquí una prueba rápida para saber si un líder tiene la habilidad de escuchar. ¿Mira usted a los ojos de la persona que está hablando con usted? Si es así, es lo más probable es que sea atento, muestre interés y se preocupe por las necesidades de las personas. Si no es así, usted probablemente es una persona distraída, indiferente o, peor aun, egoísta. Los buenos líderes toman en serio a las personas. Prestan atención a las palabras, a la inflexión de la voz y a las emociones expresadas por los demás, especialmente por las personas en su hogar.

1. Escuche las ideas

Es posible que usted no actúe de acuerdo con todas las sugerencias que recibe, pero escuche con un oído dispuesto a oír ideas nuevas. Tenga en cuenta que un concepto que puede inspirarlo positivamente puede muy bien venir de alguien en su hogar. Acoja con satisfacción las sugerencias de su cónyuge, de un hijo o de otros miembros de la familia.

Un líder nunca "llega"; está siempre aprendiendo y mejorando. Los libros circundan su trayectoria. Los seminarios están en su agenda. Las conferencias están en su lista de cosas por hacer. Pero nunca aprenderá lo suficiente para evitar escuchar. La sabiduría se encuentra en las experiencias de otros, que tal vez no tengan títulos universitarios, pero que pueden tener ideas más razonables acerca de un problema que algún colega profesional.

Usted trabajará con algunos que no tienen la más remota idea de cómo delinear un diagrama de flujo. Pero un miembro de su familia puede haber descubierto la manera de resolver algunos obstáculos bien grandes, y aprendido a resolver problemas de la vida. Es posible que no sepan preparar una declaración de impuestos y, de hecho, algunos de ellos no tendrán edad suficiente para votar en las próximas elecciones. Pero Dios sabe cómo poner sabiduría de lo alto en las mentes terrenales. Él dijo que un niñito guiaría.

2. Escuche las quejas

Las emociones no desahogadas pueden volverse asfixiantes cuando menos, y explosivas en el peor de los casos. Los problemas no resueltos pueden muy bien asfixiar a los miembros de la familia. Valorice lo que expresen los críticos que están dentro de su casa.

Los lamentos y las preocupaciones de los demás son clamores pidiendo atención personal. Escuche y comprenda que las preguntas constantes provienen de un corazón que necesita saber cómo hacer lo correcto. Entienda también que las quejas más exasperantes son, por lo general, justas.

Preste atención a aquellas cosas de las que no se habla. Un problema puede estar presente durante algún tiempo, antes de que un miembro de la familia tenga la valentía de expresarlo como una queja. Esté pendiente de la expresión y lenguaje corporales y de otras señales no verbales, y trate de comprender qué significan. Al igual que un mecánico bien preparado que evalúa el funcionamiento del motor de un auto de carreras, escuche los sonidos que otros no perciben.

3. Escuche teniendo en mente el mañana

En una noche calmada, usted puede oír a un tren que viene de muy lejos. El sonido es débil al comienzo, casi imperceptible. Pero el oído entrenado puede escuchar al tren que todavía no ha llegado. Esté pendiente de las tendencias que están sobre el horizonte, tendencias que pueden ser valiosas o peligrosas. Oiga con atención los cambios en la economía que afectarán el futuro económico de su familia.

Los líderes escuchan a aquellas que han influido en otras familias. Ese orador o ese autor que ha aprendido principios importantes en cuanto a la vida familiar probablemente los aprendió sobre la marcha, mientras trabajaba. Esté abierto a nuevos principios o métodos en cuanto a la crianza de los hijos o para mejorar el matrimonio.

Esté advierto a los consejos de sus colegas. Escuche los sueños de los jóvenes, y fíltrelos a través de sus propios años de experiencia.

Conviértase en alguien que escucha con interés. Aprenda a escuchar, y a aprenderá a liderar.

23

Diga adiós a la amargura

Quizás usted ha oído la historia del anciano filósofo que estaba sentado en el porche de su casa, cuando llegó un hombre montando una carreta, y le preguntó:

—Oiga, señor, ¿este pueblo es amable?

—Depende, —dijo el filósofo—. ¿Cómo era el pueblo de donde ustedes vienen?

—¡Nada de amable! —respondió el pionero—. Por eso es que nos marchamos.

El sabio anciano respondió: —Es posible, entonces, que encontrará que este pueblo es igual.

Después, llegó otra carreta idéntica con una familia de pioneros, y le hicieron la misma pregunta:

—¿Cómo es el pueblo de donde ustedes vienen? —preguntó el filósofo.

—¡El pueblo más amable que hemos visto!

El anciano dijo: —Probablemente encontrará que este pueblo es igual.

Nuestra actitud determina nuestra experiencia en la mayoría de las áreas de la vida. Esto es muy cierto cuando se trata de sentir alegría. Quienes la buscan por lo general la encuentran. Quienes están convencidos de que no existe la alegría, rara vez la buscan.

¿Alguna vez ha invitado usted a cenar una familia de jirafas? Seguramente que no, ni yo tampoco; pero puedo imaginar cómo sería una noche así. Primero, mi esposa estaría corriendo a toda prisa para buscar una receta de cómo preparar un guisado de hojas de acacia. Segundo, tendríamos que poner una cinta ancha adhesiva plateada alrededor de la araña de luces en el comedor. Finalmente, tendríamos que colocar los vasos de agua de cristal sobre el piso debajo de la mesa, porque las jirafas acostumbran inclinarse para beber.

Las mesas del comedor tendrían que estar atadas con alambres para reforzarlas. Tendríamos que poner una lona sobre las plantas interiores, para que no se las coman como aperitivos. ¿Y puede imaginar lo divertido que sería limpiar todo después de haber tenido a unos invitados así?

Cuanto más pienso en ello, le apuesto que la única cosa buena en cuanto a tener jirafas como invitadas a cenar sería decirles: ¡Adiós!

Albergar amargura en el corazón se parece un poco a eso. Nos hace la vida difícil. Hace estragos en nuestro espíritu. Nos lleva a decir y hacer cosas que lamentamos. Nos roba la alegría.

La cosa buena que hay que hacer con la amargura es decirle adiós. Aquí tiene tres "jirafas" que hay en una familia amargada, junto con algunas maneras de deshacerse de ellas.

1. La falta de perdón

Jesús hizo hincapié en la importancia del perdón para librar de obstáculos nuestra relación con Dios y con los demás. Y el perdón no tiene límites. En respuesta a la famosa pregunta de Pedro: "¿Cuántas veces perdonaré...? ¿Hasta siete?" Jesús respondió: "No te digo hasta siete, sino aun hasta setenta veces siete" (Mt 18.21, 22). En el Sermón del Monte, Él dijo deliberadamente: "Si no perdonáis a los hombres sus ofensas, tampoco vuestro Padre os perdonará vuestras ofensas" (6.15).

¿A qué personas necesita usted pedir perdón? ¿A quiénes necesita perdonar? No permita que la falta de perdón bloquee la alegría en su vida o en su hogar.

2. El resentimiento

Las semillas de la sanidad emocional no crecerán en un corazón de piedra. Perdonar significa renunciar, o liberar. Jesús enseñó que la misericordia y el amor son la esencia del perdón verdadero. Neil Anderson escribe: "Debemos perdonar de la misma manera que hemos sido perdonado. En su misericordia Dios nos ha dado lo que necesitamos, no lo que merecemos."

Estas son las personas a las cuales usted necesita liberar: la que abusó de usted cuando era un niño; las que le han herido con sus palabras; la que se aprovechó de su generosidad; la que le abandonó emocionalmente; y quizás otras que solamente usted conoce.

Renuncie a los sentimientos de resentimiento. Es la única manera que usted tiene para encontrar sanidad.

Jesús lo dijo, y yo lo creo: "Y cuando estén orando, si tienen algo contra alguien, perdónenlo, para que también su Padre que está en el cielo les perdone a ustedes sus pecados" (Mr 11.15 NVI).

3. La ira

La ira es como un par de botas llenas de barro sobra una alfombra nueva. Es pesada. Es desagradable. Y cuando más lejos va, más enemigos hace. A veces, nuestra ira no es evidente, incluso para nosotros mismos. En otras ocasiones, florece como un diente de león en un césped nuevo.

Los éxitos de las personas que no son parte de nuestra familia, y la adulación que reciben, hacen que nuestros fracasos sean más difíciles de soportar. Si estamos pensando en eso, se convierten en llagas purulentas.

Pablo dijo: "Quítense de vosotros toda amargura, enojo, ira... Antes sed benignos unos con otros, misericordiosos, perdonándoos unos a otros, como Dios también os perdonó a vosotros en Cristo" (Ef 4.31, 32).

Deshágase de la ira antes de que ésta se apodere de usted. Mi intención no es ofrecerle soluciones fáciles a todos los problemas de la vida; ésta es demasiada compleja como para eso. Pero si arreglamos ciertos asuntos, nuestro corazón estará más calmado y tendremos alegría.

Contemplo a Jesús como el único modelo digno, y veo que Él amó a un mundo que lo odió; extendió sus manos a quienes lo atravesaron con clavos; predicó buenas nuevas a quienes dudaban de Él; bendijo a quiénes lo maldijeron; y cuando fue herido de muerte, oró diciendo: "Padre, perdónalos."

Dígale adiós a la amargura, y dará cabida al gozo.

PARTE 3

El ministerio

Ninguna cantidad de logros académicos,
de exposición calificada y profunda,
De elocuencia brillante e impresionante,
puede compensar la ausencia de un amor profundo,
compasivo y apasionado por las almas de los seres humanos.
– DAVID BRAINERD

Fui hecho ministro por el don de la gracia de Dios
que me ha sido dado según la operación de su poder.
– EFESIOS 3.7

24

Cuidado pastoral constante

Cuando el Dr. Billy Graham concluyó sus palabras en el servicio nacional de oración por la tragedia del 11 de septiembre, el presidente de los Estados Unidos, líderes del Congreso y jefes militares, representantes de las principales religiones, y el resto del público invitado, se pusieron de pie para aplaudir. ¡Qué homenaje a ese estimado predicador del evangelio que se ha convertido en el pastor de la nación! ¡Cómo necesitamos pastores así en estos días cruciales!

Puede ser que usted no reciba esa clase de reconocimiento por su labor pastoral, pero para quienes hayan sido heridos o estén adoloridos por el daño que les ocasionaron los demás, su cuidado pastoral no será menos importante. Nunca habrá nada que sustituya su atención personal a los de su congregación u organización. Las personas lo necesitan a *usted*. Habrá momentos en los que ellas necesitarán una visita personal. En que necesitarán de sus oraciones. Momentos en los que tendrán necesidad de promesas que les hace la Palabra de Dios.

Al igual que los valientes rescatistas que luchan contra el fuego y a los escombros que caen para rescatar a los heridos o moribundos, usted se ha comprometido a subir a las ruinas de este mundo para dar consuelo personal. El compromiso no es diferente al del Maestro: "El Espíritu del Señor está sobre mí, por cuanto me ha ungido para dar buenas nuevas a los pobres; me ha enviado a sanar a los quebrantados de corazón; a pregonar libertad a los cautivos, y vista a los ciegos; a poner en libertad a los oprimidos; a predicar el año agradable del Señor" (Lc 4.18, 19).

Los laicos de su iglesia deben ser una parte integral del cuidado pastoral; cierto cuidado práctico es esencial para cada pastor. He aquí un método sencillo para ministrar personalmente a siete personas de su congregación cada día, que le bendecirá a usted inmensamente, y que tiene un gran efecto en la congregación. Lo llamo "noventa minutos diarias de atención". Seguido veremos como funciona.

1. Pase una hora de ministerio individual

Tome sesenta minutos para animar, edificar o elogiar a alguien que usted esté tratando de influenciar. Esto lo puede hacer en su oficina, cuando sea más cómodo o conveniente para la persona, pero la mayoría de las veces es aconsejable hacerlo fuera de las paredes de la iglesia. Usted no querrá pasar este tiempo precioso ocupado en asuntos de la iglesia; estar allí es una tentación de hacerlo. A mí me gusta llevar a la persona a un restaurante para desayunar o almorzar, y siempre pago la cuenta. El ambiente informal ofrece oportunidades tanto para tener una conversación superficial, como para un diálogo importante, y si es apropiado orar, nadie tendrá reparos de hacerlo. A la mayoría de las personas les encanta tener quien las escuche, así que absténgase tanto como sea posible de preparar una agenda o de hablar acerca de usted. Haga de esta reunión un tiempo para que su invitado le diga lo que está en su mente y en su corazón.

Por supuesto, reunirse con alguien del sexo opuesto no es aconsejable. En caso de que el esposo de la persona no pueda estar en la reunión, haga arreglos para que la esposa de usted esté presente.

2. Dedique quince minutos a la correspondencia

Tome quince minutos para enviar tres breves notas, correos electrónicos o mensajes a personas que estén dentro de su esfera de influencia. Pueden ser tarjetas de cumpleaños o aniversarios, y puede pedir a voluntarios (adultos mayores, quizás) que se encarguen de enviarlas. Si tiene empleados, ellos también pueden firmar las tarjetas. Lamentablemente, si usted tiene una letra como la mía, necesitará que el logotipo de la iglesia esté impreso en su tarjeta, ¡para que la gente sepa de dónde vino!

Norman Vincent Peale dijo hace algunos años que "los cristianos deben ocuparse en edificar a las personas, porque hoy día hay muchas personas que se dedican a la demolición". Estas notas deben estar dirigidas por las cuatro "E": expansivas, escuetas, específicas y espontáneas.

3. Dedique quince minutos a las llamadas telefónicas

La dimensión final de este cuidado de noventa minutos por día es pasar quince minutos haciendo llamadas breves a tres personas.

En mi experiencia, esto es mejor hacerlo de manera sistemática. Considere la posibilidad de llamar a cada miembro de su iglesia el día de su cumpleaños y de su aniversario. Mantenga un registro de las llamadas, de modo que esté seguro de contactar a cada persona. Es posible que desee anotar las fechas y los números de teléfonos en su teléfono celular. Además, una secretaria o un voluntario puede ayudarle a escribir el número de teléfono de cada miembro en su calendario de bolsillo en el día correspondiente. Por ejemplo, "Juan Díaz, día ___, 555.5689". Por tanto, al dar vuelta a la página, encontrará allí un número telefónico. Lo único que tiene que hacer, es llamar y decir: "Hola, Juan, soy el pastor ___. Quiero desearte un feliz cumpleaños, porque te quiero. ¡Espero que tengas un día excelente!" Si usted no tiene ninguna llamada por cumpleaños o aniversarios, entonces haga las llamadas en orden alfabético, tres, hasta que haya hablado con cada miembro durante el año.

El ministerio de crisis es solo una parte de la responsabilidad pastoral. Tocar la vida de su gente cada día creará relaciones, las bendecirá a ellas y fortalecerá a su iglesia. Dedicar noventa minutos cada día al cuidado pastoral hace que la actividad sea posible sin agotar al pastor.

El pastor más grande que jamás ha existido conocía el secreto de ocuparse de su gente. Antes de predicarles, las alimentaba. Él es llamado el Gran Pastor, y nosotros podemos llamarlo el Gran Ejemplo. Durante su ministerio terrenal, siempre que había personas necesitadas, el Maestro hacía todo lo posible por ocuparse de ellas.

La preparación de su sermón o de su lección es importante. Sus capacidades administrativas son vitales. Pero su cuidado personal de los demás será lo que haga el mayor impacto en su ministerio.

25

Añadir puertas a su iglesia

Lo siento, pastor, —dijo David—. Nos encanta su predicación, pero nuestra familia necesita ser parte de otra congregación en este momento.

El pastor Samuel quedó asombrado. Desde su nombramiento como pastor de la iglesia hacía un par de años, se había desvivido por ser "todo a todos". Visitaba la residencia de ancianos dos veces al mes, y se reunía con los adolescentes de la iglesia todos los domingos por la noche. No tenía el tiempo o la energía para agregar otro ministerio.

David siguió diciendo: "Se trata de nuestros chicos. Tienen seis y nueve años, y realmente no hay un ministerio para ellos aquí. Necesitamos una iglesia que tenga algo para toda nuestra familia, y por eso nos iremos a otra."

A Samuel se le cayó el alma a los pies, mientras contenía las lágrimas. *¿Qué más puedo hacer?* pensó.

¿Le suena familiar? Usted tal vez haya tenido alguna experiencia parecida, luchando por atraer y conservar a las personas.

Aquí tiene una respuesta: la Escuela Bíblica Dominical. Este comprobado ministerio tiene algo para todas las edades. Es flexible, expansible y altamente confiable. Si usted no tiene una Escuela Dominical, comience una. Si ya la tiene, hágala brillar. ¡Este viejo recurso puede convertirse en su mejor amigo!

"¡Miren a toda esa gente!" dijo Lorena. "¿Pertenecen todos a nuestra iglesia?"

El salón de uso múltiple estaba lleno de niños y padres, y de adultos jóvenes y adultos mayores para la cena de la iglesia, en la que cada familia había traído un plato. La iglesia había añadido un tercer servicio dominical en septiembre, porque "toda la familia" de la iglesia no podía reunirse a la misma vez.

—Claro que sí, —dijo el pastor emocionado.

—¿Pero de dónde vinieron todos? —preguntó Laura—. ¡Añadir un solo servicio de adoración no puede explicar todo este crecimiento!

—Pero no añadimos un servicio, —dijo el pastor—. ¡Añadimos cuatro¡

—¿Cuatro? No lo entiendo, —respondió Lorena.

—Cuando comenzamos el culto del sábado por la noche, agregamos también tres clases de educación cristiana. Ahora, además de las clases clasificadas por edades, tenemos una clase para nuevos matrimonios, una para nuevos convertidos y una para entender el cristianismo y el Islam.

Lorena estaba asombrada.

—¿Quiere usted decir que la gente ha comenzado a asistir a la iglesia gracias a una clase?"

—¿Por qué no?, —dijo sonriendo el pastor—. "Hay cosas más importantes que los coros de alabanza.

Es verdad. Ningún ministerio de su iglesia alcanzará a todo el mundo. Por supuesto, muchas personas se sienten atraídas por el ambiente lleno de vida de un servicio de adoración vibrante. Pero, como señaló el pastor, la gente necesita algo más que cantos llenos de energía. Y el sermón del domingo por sí solo no puede preparar totalmente a los creyentes.

Usted necesita una variedad de ministerios para tocar a las personas a diferentes niveles. Cuantos más puntos de entrada tenga una iglesia, más personas atraerá. Y los grupos pequeños de la Escuela Bíblica Dominical ofrecen más puntos de entrada que cualquier otro ministerio. He aquí algunas "puertas" que usted puede añadir a su iglesia por medio de la Escuela Dominical.

1. Puertas para clases según la edad

A las personas les gusta estar entre otras en una etapa de la vida similar. La Escuela Dominical reúne de manera natural a adolescentes con adolescentes, a adultos jóvenes con adultos jóvenes, y a adultos mayores con adultos mayores. Añadir una clase de acuerdo a una edad específica, agrega una oportunidad para el crecimiento.

2. Puertas para la enseñanza

La adoración es un ejercicio vital para todos los creyentes. Pero Hechos 2.42 nos recuerda que la enseñanza de los apóstoles es otra piedra angular de la iglesia. La gente está hambrienta de buena enseñanza bíblica, y la Escuela Dominical puede proporcionarla.

3. Puertas para el compañerismo

Cuanto más pequeño es el grupo, mayor es la intimidad. La Escuela Dominical, con los grupos pequeños que crea de una manera natural, proporciona uno de los mejores lugares para el compañerismo en cualquier iglesia. Jesús enseñó el valor de ofrecer siquiera un vaso de agua fría. Los discípulos modernos han añadido la cafetera. En una clase de la Escuela Dominical se forman amistades para toda la vida. Las personas que buscan alguien que se preocupe por ellas necesita una puerta para el compañerismo.

4. Puertas para intereses especiales

¿Cuándo regresará Jesús? ¿Qué dice la Biblia acerca de otras religiones?

Las mentes inquisitivas quieren saber. Las escuelas Dominicales vibrantes son centros de aprendizaje donde se responden preguntas de una manera simpática e informativa. Las clases de temas especiales ofrecen un ambiente agradable a quienes luchan con problemas personales o sociales.

5. Puertas para nuevos estilos de vida

Los grandes cambios en la sociedad pueden requerir cambios parecidos en la iglesia local. ¡Quién sabe qué pasará después! ¿Semanas de trabajo de tres días y medio? ¿Qué del fin de semana ampliado? ¿Cómo competirá la iglesia con el crecimiento continuo de las alternativas de recreación? La Escuela Dominical es ideal para atraer personas basadas en necesidades acordes con los estilos de vida. Es flexible, expansible y transportable. Puede dar cabida a grupos de dos a doscientas personas, en un parque o fuera de él.

¿Cuántas puertas tiene su iglesia? ¿Cuántas maneras tiene usted para incorporar a personas al ministerio de su iglesia? ¡Cuantas más, mejor!

¿Cómo va a usar la Escuela Dominical para crear nuevos puntos de entrada a su congregación?

26

La realización de un funeral

Los funerales ofrecen al pastor uno de los momentos más importantes para ministrar durante todo el año de la iglesia. No son solamente tiempos de calidad para llevar consuelo y aliento a las familias de la iglesia; son igualmente ocasiones para crear relaciones con ellas y con sus amigos y familiares que no están conectados con una iglesia. También ofrecen al ministro oficiante la oportunidad de expresar su compasión en el espíritu de Jesucristo. Hay algunos métodos importantes que realzarán su momentos de ministerio. Algunos son familiares, y otros pueden no ser tan familiares.

Desde el momento en que a usted se le notifique la muerte de un feligrés o de un miembro de la familia de un feligrés, su "cuidado intensivo" debiera ser bastante obvio. Una llamada *de inmediato* a la familia es sumamente importante. Esa llamada puede ser tanto para escuchar, como para ofrecer consejo, citar pasajes de la Biblia, o tener una oración, aunque puede incluir todo esto. Escuchar con paciencia permite a los deudos expresar sus sentimientos.

Los planes para el servicio funerario pueden hacerse durante una llamada posterior. La llamada inmediata es una expresión de simpatía de parte suya y de la familia de la iglesia.

Sus palabras deben estar "sazonadas con sal". Por lo general, expresiones como: "Dios debe de haberla amado tanto que se la llevó para que esté con Él," o "Dios confía en ustedes lo suficiente como para permitir que esto sucediera," deben evitarse. No importa cuánto tiempo haya vivido la persona fallecida, su muerte traerá dolor y pérdida a la familia inmediata, y también a la familia extendida. El foco de su lectura bíblica y su oración deben ser de amor y preocupación por la familia.

Es posible que la familia quiera o no que usted dirija el funeral. Si le han pedido a otro pastor que lo haga, no se sienta ofendido. Es frecuente que hayan hecho arreglos con un pastor mucho antes de que usted fuera el pastor de la familia. Su comprensión de sus deseos, como también su disposición de estar disponible para participar si es necesario, expresa su madurez espiritual y su amor. Si le piden que dirija el servicio, una llamada posterior de parte suya incluirá la planificación del servicio recordatorio.

1. Ayudar a la familia en la planificación del servicio

La familia puede querer que usted los ayude a hacer los arreglos en cuanto al funeral. Incluso, puede haber momentos en que la familia le pida que los acompañe a la funeraria. La planificación incluirá el lugar, la fecha y la hora del servicio; los arreglos del sepelio en el cementerio; e información en cuanto a la funeraria. Puede obtener más información de los deudos, y escribir en una hoja de trabajo lo siguiente:

Información básica en cuanto al difunto, su nombre completo (o sobrenombre que usaba); lugar y fecha de nacimiento; ocupación; nombre del cónyuge; número y nombres de los hijos y nietos, y de otros deudos.

Información centrada en su vida, estudios; afiliación religiosa; su servicio a la comunidad; hobbies e intereses; premios y reconocimientos; y viajes y aventuras.

Información en cuanto a servicios funerarios, arreglos en cuanto a la exposición del cuerpo para ser visto; ministro oficiante; ministro(s) auxiliar(es); versículo(s) bíblico(s) favorito(s); himno(s) favorito(s); música especial; nombre del músico(s) y del acompañante; elogio(s); poemas o lecturas; portadores del féretro; ujieres (de ser necesario); sonido (y grabación, si es solicitado); y peticiones del difunto con respecto a su funeral.

Información sobre recuerdos y relaciones familiares personales; recuerdos favoritos; y anécdotas humorísticas.

2. Movilizar a la iglesia

Como pastor, usted no necesita hacer todo el cuidado pastoral que rodea a un funeral, pero será la persona clave en la activación de ese cuidado. Toda congregación debe tener un plan para rodear de amor a una familia enlutada. Algunos de los elementos clave de ese plan son: el envío de flores; ordenar comidas para enviar a la familia inmediata (cónyuge, hijos, padres); brindarles una comida después del servicio funerario; ofrecerles hacer los arreglos en cuanto a transportación o alojamiento (de ser necesario); y dar seguimiento a otros ministerios, tales como tarjetas, visitas, servicios conmemorativos, transportación, etc.

3. Planificación del servicio conmemorativo

Prepare una bienvenida breve y un obituario, incluyendo a la familia inmediata. Elija versículos bíblicos breves para la apertura (por ejemplo, Juan 11.25). Incluya la lectura de un himno o un poema (quizás uno de los favoritos del difunto). Coordine con los músicos la selección de la música.

Prepare también su sermón fúnebre con estas pautas en mente: que sea bíblico, breve (de diez a quince minutos), personal y claro, sin ser sermoneador (podría incluir el plan de salvación).

Prepare unas palabras de clausura y cualquier anuncios que sean necesarios. Incluya una bendición.

4. El funeral

He recibido llamadas de pastores que iban a realizar su primer funeral, preguntándome sobre su rol durante el servicio fúnebre. La más de las veces, eso se aprende asistiendo a otros funerales. Pero en caso de que usted no esté familiarizado con el papel del pastor durante un funeral, veamos algunos de las cosas esenciales.

Antes del servicio. Contacte al director del funeral para asegurarle que estará allí. Es posible que le ofrezcan una oficina privada para su tiempo de preparación para el servicio. Es posible que desee utilizar ese tiempo para repasar sus notas, y también para utilizar el tiempo para orar por los familiares y amigos del difunto.

Durante el servicio. Usted dirigirá al público desde una plataforma para honrar la vida del difunto. Siguiendo la recomendación del director del funeral, es posible que le pidan que encabece la procesión del féretro hasta la parte delantera de la capilla o auditorio. Si se trata de un servicio junto a la tumba, usted estará a la cabeza del ataúd (el director del funeral le dirá cuándo hacerlo).

Por lo general, el sermón tendrá una duración de veinte minutos. Su actitud expresará sus sentimientos a los deudos y también al fallecido. (Una actitud poco seria durante el servicio indica falta de respeto.)

Después del servicio. Usted irá delante del ataúd desde el auditorio o la capilla hasta el coche fúnebre que estará esperando. Puede tener la oportunidad de saludar a la familia. En el servicio junto a la tumba (que puede incluir la lectura de un pasaje bíblico al comienzo, un himno o un poema, la bendición, y el descenso de la urna a la fosa), usted tendrá también la oportunidad de saludar a la familia inmediata, dedicándoles un tiempo más largo para saludarles y asegurarles que está disponible para ellos.

Por supuesto, su trabajo no termina con el servicio fúnebre. Usted tendrá que ministar a la familia durante varias semanas o meses, haciendo visitas pastorales, escribiendo notas de aliento, y preguntar cómo se sienten por medio de llamadas telefónicas. Además, puede escribir una carta de consolación al cumplirse el primer aniversario de la muerte de su ser querido.

Usted representa el amor de Cristo en un momento de crisis. Y su amorosa preocupación puede ser justamente la cosa para guiar a un amigo o a un deudo al reino de Cristo.

27

Celebración de una boda

Las bodas son más que ceremonias. Son momentos oportunos para desarrollar relaciones con quienes se casan y con sus amigos. Son también ocasiones para compartir el evangelio o para animar a la pareja a tener un hogar cristiano. Si la pareja son ya miembros de la congregación, o personas interesadas simplemente en tener una boda cristiana, la ceremonia del matrimonio es una excelente oportunidad para ministrar. He aquí varias cosas que deben ocupar los primeros lugares en su lista de responsabilidades.

1. Prepare a la pareja

Usted debe evitar oficiar bodas que no hayan sido precedidas por un tiempo de orientación. El asesoramiento prematrimonial es clave para que la pareja entienda qué es el matrimonio, y por lo general de importancia crucial para que comprendan sus roles como esposos.

Si usted no siente cómodo dando orientación prematrimonial, hay una gran cantidad de materiales disponibles en cuanto a asesoramiento prematrimonial. Por otra parte, siempre puede recomendar la ayuda de un profesional calificado.

En su sesión preliminar de orientación prematrimonial, tendrá que introducir el contexto bíblico del matrimonio. También tendrá la oportunidad de compartir el propósito del matrimonio cristiano, incluyendo el plan de salvación y la seguridad de que estará disponible para ministrar a la pareja durante todo su matrimonio.

Si lo desea, puede ayudar a la pareja a elegir (o a poner por escrito) sus votos. Los votos matrimoniales personalizados aportan mucho a la originalidad de la ceremonia de bodas.

2. Prepárese para la realización de la ceremonia

La ceremonia de la boda incluye varios componentes clave.

El lugar. Su iglesia puede tener una política sobre el uso de sus instalaciones. Esta política debe ser entregada por escrito a la pareja. Puede incluir el costo del uso, el pago a un guardia de seguridad, además de los criterios y restricciones en cuanto a las actividades de la recepción de la boda, por ejemplo, en cuanto al uso del tabaco y alcohol.

Es posible que desee remitir a la pareja a su secretaria, para la planificación de la visita a las instalaciones y las citas de orientación. Asegúrese de que los detalles en cuanto a fechas y horas para las sesiones de orientación, el ensayo y la ceremonia de la boda, sean meticulosamente incluidos (en el calendario de la iglesia y en la agenda del pastor).

El ensayo. El ensayo de la boda es otro componente clave de la ceremonia. Usted puede dar sugerencias a la pareja en cuanto a ésta, incluyendo el orden del servicio y el día del ensayo. Una vez que la fecha y la hora del ensayo hayan sido fijadas, asegúrese de que la pareja avise a quienes tendrán parte en la ceremonia, y que estén a tiempo para el ensayo. En ese momento podrá preguntar si se espera que usted (y su esposa) sean parte de la cena del día del ensayo.

Un orden impreso de la ceremonia de la boda, incluyendo las instrucciones para cada uno de los que tendrán parte en la ceremonia, será muy útil para asegurarse que el ensayo se haga de una manera organizada. Por lo general, el pastor es el encargado de dirigir el ensayo. Es conveniente reunir a comienzo del ensayo a todos los que participarán en la ceremonia para tener un momento de oración y una visión completa de la ceremonia.

Usted (o el organizador de la boda) instruirá a los participantes en la ceremonia en cuanto a sus entradas y salidas, qué le toca hacer a cada uno, y su ubicación durante la ceremonia. (Es aconsejable que piense en la posibilidad de que el organizador de la boda sea alguien de su iglesia. Sus servicios, que pueden incluir el pago de unos honorarios por parte de la pareja, le liberarán a usted de muchos detalles en cuanto al ensayo y la ceremonia, y será de ayuda para la pareja por la dirección que recibirán en el mismo lugar quienes tendrán parte en la boda.)

Asegúrese de que los que tendrán parte en la ceremonia estén informados en cuanto a la hora de la boda. (Las llegadas tardías añadirán tensión a la ocasión.) Y asegúrese de que usted (o el organizador de la boda) tomen notas de todos los detalles.

La ceremonia. Asegúrese de llegar a tiempo. Usted tendrá que tener a alguien que verifique que las luces están encendidas, así como la calefacción o el aire acondicionado. También, que esté disponible los camerinos de los participantes en la boda estén disponibles; y que los músicos tengan todo lo que necesiten para su actuación *antes de su llegada.*

Asegúrese de revisar las instalaciones. Es conveniente que designe a alguien para que haga un recorrido por las instalaciones para asegurarse de que todas las habitaciones están en orden, especialmente los inodoros y la habitación de los niños (de ser necesario). La pulcritud y el aseo contribuirán a dar una imagen positiva de su iglesia.

Asegúrese de que ha revisado sus notas. Es recomendable que los nombres de la pareja estén escritos en la copia que usted tiene de los votos matrimoniales, también en la introducción y en el final de la ceremonia. Cualquier lectura de la Biblia debe estar marcada o escrita en su forma completa.

Asegúrese de tener un plan en un caso de emergencias. Algún miembro de los participantes en la ceremonia puede enfermarse o desmayarse. Diga a los ujieres o al organizador de la boda que respondan a la situación.

Las velas pueden caerse e incendiar la alfombra o algunos muebles. Haga planes de emergencia en su preparación de la boda.

La recepción. Su presencia (junto con la de su cónyuge) en la recepción, es un gesto importante de buena voluntad que proyecta la imagen de su iglesia. Su cordialidad con los amigos y los parientes de la pareja puede ser un puente para que asistan a su iglesia.

Si la recepción se lleva a cabo en las instalaciones de la iglesia, usted (o su representante) pueden también estar disponibles para ayudar a la compañía de catering con información en cuanto a las instalaciones y el equipo de cocina.

3. Proporcionar un ministerio constante

Por lo general, las parejas le dirán que tienen pensando asistir a su iglesia después que regresen de su luna de miel. Y muchas veces, dejan de cumplir esa promesa. ¿Qué puede usted hacer para ayudarlos a cumplir la promesa?

En primer lugar, asegúrese de que incluyó en su asesoramiento prematrimonial la importancia de la asistencia a la iglesia.

En segundo lugar, envíeles una carta de felicitación y estímulo para mantener el contacto. En esa carta, puede invitarlos a asistir a la iglesia, e incluir en ella un boletín o un folleto que les informe de las horas de los cultos y oportunidades de servir.

También puede ofrecerles oportunidad de asistir a un grupo o una clase pequeños en cuanto al matrimonio. Ayudar a las parejas nuevas a adaptarse a su matrimonio, es útil no solamente para facilitarles recursos, sino también para animarlos a asistir a la iglesia.

Pastor, ya sea que lo sienta o no, usted es una parte importante de la ceremonia de la boda. Oficiar en ella con orden y con atención personal puede dar como resultado la dedicación o la rededicación de una pareja al Señor.

28

Planificación del servicio de adoración

La adoración implica dar a Dios la gloria, es decir, el valor, que Él merece. Él es digno de nuestras mejores expresiones de meditación y alabanza.

En un sentido, el servicio de adoración debe tener un sentido de espontaneidad. Tal vez usted ha oído la expresión: "Señor, haz algo para nosotros hoy que no esté en el boletín." Pero en otro sentido, hay que recordar que adoramos a un Dios de orden, un orden que se ve en todas partes de la naturaleza. Pablo pensó seriamente en eso al dar su consejo a quienes planificaban los servicios de adoración en Corinto. "Hágase todo decentemente y con orden" (1 Co 14.40).

¿Cómo planifica usted un servicio de adoración que dé gloria a Dios, aliente y edifique a los creyentes, y se apodere de la atención de los visitantes, todo al mismo tiempo?

1. Comience con oración

Todo servicio de adoración debe tener un diseño celestial. Ya sea que planifique un servicio de evangelización de un sábado por la noche, o el tradicional del domingo por la mañana, el equipo de adoración de la iglesia debe buscar la voluntad del Señor al planificar la dirección del servicio. Los tiempos de oración, la lectura de las Escrituras, y discernir la dirección del Espíritu Santo en cuanto a atender las necesidades de la congregación deben ser una prioridad.

2. Considere el flujo

La clase de servicio de adoración que refleja una planificación cuidadosa tiene un buen flujo. Los feligreses, al igual que sus amigos no creyentes, están acostumbrados a "entretenimientos" de treinta a sesenta minutos. ¿Por qué razón? Porque son televidentes, parte de una cultura que pasa un promedio de cuarenta y cuatro horas por semana ¡frente a cajas electrónicas que transmiten señales en alta definición y mensajes de baja definición!

Los grandes vacíos en el servicio de adoración, mientras una batería de micrófono es cambiada, un músico está tratando de encontrar su lugar en la partitura, o mientras que el personal de la plataforma está tratando de decir qué vendrá después, no son la mejor imagen para su culto, y no mantendrán la atención de la cultura de la TV.

Una lista de verificación cuidadosa lo ayudará a evitar muchos "meteduras de pata evangélicas".

- ¿Hay un orden del servicio impreso para cada participante?
- ¿Fueron cambiadas las baterías de los micrófonos?
- ¿Fue chequeada la iluminación?
- ¿Está lista la presentación en PowerPoint?
- ¿Hicieron los músicos una prueba de sonido?
- ¿Está ubicada con precisión la música en el CD de acompañamiento?

Usted debe pensar también en el ambiente del servicio. ¿Qué atmósfera está tratando de crear? ¿Calmada o ruidosa? ¿Reflexiva o de avivamiento?

Usted puede comenzar a crear el "ambiente" durante el tiempo que precede al servicio. Por ejemplo, la música de este tiempo debe ser planificada cuidadosamente. (Hay que reconocer que, a veces, el tiempo que precede al servicio se convierte en una competencia de gritos entre los músicos tratando de dar instrucciones en cuanto al volumen de la banda de alabanza, y los feligreses intentando enterarse del último chisme.)

Una canción especial, una lectura conmovedora o una dramatización, una presentación de PowerPoint o de un vídeo, pueden crear una expectativa emocional y espiritual para la adoración, y aplacar la bulla.

Igualmente, la sensibilidad al *momento* de la adoración crea un flujo mayor. Por ejemplo, un momento especial no debe ser seguido por unas bobadas. Ese momento debe ser un puente a otro. La inusual presencia del Espíritu Santo, un testimonio espontáneo y lleno de vida, o una reconfortante reacción a una canción especial, puede ser el momento para una "pausa", en vez de un "avance rápido".

3. Recuerde el principio de la plataforma a la gente

Hay una teoría interesante en cuanto al ministerio: Cuántas más personas haya en el programa, más personas habrá en la audiencia. Simplemente, cuántas más personas pueda usted incorporar en el programa de adoración, mayor será la asistencia. Piense en esos días de mucha asistencia. ¿Cuándo suelen suceder? Cuando el coro de los niños se encuentra en la plataforma. Cuando hay un domingo de premios y reconocimientos. En la noche de presentación de una pieza teatral.

Más personas en la plataforma significa, por lo general, más personas en los bancos de la iglesia.

4. Mejore continuamente la interpretación musical

Los equipos de música se han convertido en un elemento importante en la mayoría de los servicios de adoración. Algunos equipos mejoran la experiencia de la adoración, mientras que otros son un estorbo para ella. Un equipo de alabanza vestido descuidadamente, mal preparado o sin talento, puede dar lugar a una impresión negativa duradera.

La diferencia reside en varios factores:

Los miembros del equipo de adoración deben ser escogidos. Ya sean probados o no en una audición, los miembros del equipo de alabanza deben tener habilidades evidentes, y también un espíritu de ministerio.

Los miembros del equipo de adoración deben ser instruidos. Dirigir la adoración es más que simplemente cantar. Implica también ropa apropiada, buena presencia en la plataforma, buen contacto visual, y un espíritu entusiasta.

Los miembros del equipo de adoración deben ser estimulados. Mucho de lo que el equipo oirá serán críticas. Necesitan a alguien que los motive, alguien que reconozca sus esfuerzos.

5. Mejore los anuncios

El método y la forma de dar los anuncios en cuanto a fechas y programas puede también añadir calidad a su servicio de adoración. La tecnología moderna nunca reemplazará al boletín, pero pueden ser utilizados conjuntamente para mejorar el servicio. Los anuncios en PowerPoint en la pantalla o en los monitores de TV en los pasillos, pueden dar a los asistentes información muy necesaria sobre los servicios de la iglesia.

Los anuncios hechos desde el púlpito merecen una consideración cuidadosa. En primer lugar, deben ser hechos por alguien que tenga credibilidad espiritual, una buena presencia en la plataforma, y que sea capaz de leer bien. No es necesario leer todo el boletín a la congregación, ya que probablemente tienen uno en mano. Leerlo palabra por palabra indica solamente que ellos no son capaces de leerlo por sí mismos. Solamente deben compartirse los aspectos más urgentes del boletín.

Una breve, bien ensayada y adecuada dramatización puede dar atención a un evento próximo importante. Asimismo, se pueden conseguir vídeos, sin costo alguno, de las organizaciones cuyo evento esté promoviendo la iglesia, y del cual será anfitriona.

Muchos millones de dólares se gastan en publicidad en los medios de comunicación. La técnica y la atracción logran transmitir el mensaje y la iglesia local puede aprender mucho en cuanto a la promoción de sus programas, tomando algunos consejos de los profesionales.

29

Cómo ampliar su influencia

Mucha de la influencia de su iglesia depende de usted. Si es conocido en la comunidad como un líder y como una persona sociable y comunicativa con la gente, atraerá a otros a su iglesia y al evangelio. Manténgase retraído, y los demás harán lo mismo. Pastor, considérese un representante del Señor en su comunidad. Usted es un embajador del reino de Dios. Sus credenciales le fueron dadas en el momento de su ordenación, pero su misión pudo haber comenzado mucho antes.

Juan Wesley dijo: "El mundo es mi parroquia." Si eso era verdad para él, entonces nuestro vecindario, nuestra ciudad y nuestro distrito deben ser también nuestra parroquia. Es un error que todas las energías de los pastores estén concentradas dentro de las paredes de la iglesia. El mundo es nuestra misión. He aquí algunos consejos para ampliar su influencia más allá de las puertas de la iglesia.

1. Mejore la imagen de su iglesia

Muchas personas formarán una opinión de su iglesia y de su liderazgo y recibirán su primera impresión mirando desde afuera. Si las instalaciones de la iglesia se ven ruinosas o anticuadas, pensarán que su congregación también lo es.

Mejorar la imagen puede hacerse de las maneras más simples. Una nueva capa de pintura puede hacer maravillas para cualquier edificio. Asegúrese de que alguien pode el césped y corte la maleza.

2. Utilice los medios de comunicación locales para hacer llegar su mensaje

Usted no tiene que vivir en una ciudad grande para tener relación con los medios noticiosos. Casi todas las poblaciones tienen por lo menos un periódico, aunque sea gratuito. Abundan las estaciones de radio, y todo el mundo tiene acceso a la TV e Internet. Lo que posiblemente usted no sabe es que los productores locales de su localidad están siempre buscando noticias, y a menudo están dispuestos a publicar informaciones de eventos de su iglesia. Los medios de comunicación tienen una página web, una columna, un período de tiempo, o una responsabilidad de acceso público que cumplir. ¿Por qué no utilizar todo esto para poner noticias acerca de su iglesia?

Haga una lista de los medios informativos locales y entérese de sus normas en cuanto el envío de informaciones. Adquiera la costumbre de enviar noticias, por lo menos con dos semanas de anticipación, de los eventos importantes en su iglesia. Usted se familiarizará con el periódico, y hasta es posible que su información sea material del noticiario de la noche. Esa publicidad vale una fortuna en cuanto a extender su mensaje y su influencia en la comunidad.

3. Aúne esfuerzos con sus colegas

Cuando un solo pastor dice algo, eso no es noticia. Pero cuando varios pastores se unen para dar de comer a los hambrientos, luchar a favor de la personas sin techo, o promocionar un evento, la gente se fija. Cultive relaciones con sus colegas, y trabajen juntos cuantas veces sea posible. Es cierto que usted no tendrá mucho en común con algunos de ellos. Pero todos ustedes creen en Cristo, e incrementarán su perfil colectivo trabajando juntos. Los llaneros solitarios no son los verdaderos héroes. Trabaje como un equipo cada vez que sea posible.

4. Afíliese a organizaciones de la comunidad

Desde clubes sociales hasta juntas directivas de bibliotecas y cuerpos de bomberos, hay muchas organizaciones de voluntarios que trabajan para mejorar su comunidad. Ayude a estas organizaciones cuando pueda. Conocerá a líderes de la comunidad, y se ganará su respeto. Se mantendrá en contacto con lo que esté sucediendo, elevará el perfil de su congregación, ¡y hasta puede ganar a líderes clave para el evangelio! Ofrézcase como capellán de la policía. Sirva en el comité de relaciones de la comunidad en el hospital. Su servicio en la junta directiva de una agencia local puede ser el sermón de Cristo sobre la compasión que alguien ha estado esperando oír.

Involúcrese en el mundo que le rodea. Cristo era movido por las necesidades que había a su alrededor, y respondía con una palabra, un toque o un espíritu de compasión. Imitar la preocupación de Él en su comunidad, ayudará mucho para que usted amplíe su influencia.

5. Predique el evangelio, no la política

Aquí es necesaria una palabra de advertencia. Algunos pastores se exceden en su envolvimiento con la comunidad, y por eso llegan a ser más conocidos por abogar por causas políticas o sociales que por el evangelio. Abogue por la vida; dé de comer a los hambrientos y enseñe a los niños, pero nunca permita que sus preocupaciones políticas diluyan su efectividad como pastor. Cuando sea invitado a hablar en un evento de la comunidad, aproveche la ocasión para presentar a Cristo, no la causa del día.

No deje que su influencia se detenga en la puerta del templo. Usted es un líder en la iglesia, y eso lo convierte en un líder en la comunidad. ¡Afronte el reto! Aumente su influencia por el bien del evangelio.

30

Cómo asegurarse de una segunda visita

Toda iglesia tiene algunos visitantes, pero no todos los visitantes regresan. ¿Cómo puede usted asegurarse de que los vienen a su iglesia una vez estarán deseosos de hacerlo por segunda vez? Los ujieres y los anfitriones son fundamentales en hacer que las personas se sientan bienvenidas en su iglesia. Desde saludar a los nuevos visitantes y a los asistentes regulares, ayudar a las personas con necesidades especiales, recibir las ofrendas, y hacer frente a situaciones de emergencia, los ujieres y los anfitriones son una extensión del equipo pastoral. Pero esta "embajada" necesita con frecuencia ser mejorada.

Hay algunas preguntas importantes que usted quizás desee hacer en cuanto a la evaluación y el mejoramiento del ministerio de sus ujieres y anfitriones.

1. ¿Está organizado?

Escoger personas que sean confiables, extrovertidas, maduras espiritualmente y con el don del liderazgo para organizar su programa de bienvenida y asistencia a las personas es fundamental para la imagen de su iglesia.

Llamar a los ujieres de entre la audiencia para recibir la ofrenda, o entregar apresuradamente los boletines a alguien que está parado junto a la puerta de entrada para que los reparta a los que lleguen puede ser útil en el momento, pero el efecto a largo plazo dará como resultado un servicio chapucero. El equipo de ujieres y anfitriones designado por el equipo pastoral puede ser formados por las siguientes personas: (1) un presidente, que dará dirección general al equipo; (2) un ujier o anfitrión principal que reclutará, entrenará, designará, supervisará y animará a su personal; y (3) un director de seguridad, que será responsable de la protección general de todos los feligreses y de sus pertenencias personales, antes, durante y después del servicio, incluyendo el área del estacionamiento y la ayuda de emergencia.

2. ¿Existe una descripción de trabajo?

Su equipo de bienvenida debe saber exactamente lo que usted espera de ellos. La descripción de trabajo puede incluir lo siguiente:

Misión y propósito. Los ujieres y los anfitriones deben saber que su servicio incluye más que recoger la ofrenda, ocuparse de las sillas y los bancos, dar apretones de mano o estacionar los automóviles. Su tarea es proporcionar un puente de comunicación.

Tareas específicas. Cada miembro del equipo debe saber *dónde* debe estar antes, durante y después de los servicios; *cuándo* deben estar en el lugar designado; y *qué* debe hacer para que las personas se sientan seguras, cómodas, bienvenidas y listas para recibir enseñanzas o la adoración.

Agenda y sustitución. Los miembros del equipo deben ser instruidos en cuanto a cumplir con lo fijado en la agenda. Y deben conocer también la política en cuanto a la sustitución en caso de ausentismo.

Manejo de emergencias. Los miembros del equipo deben conocer la política en cuanto al manejo de emergencias: Dónde encontrar los números telefónicos de emergencia que han sido fijados; los planes de evacuación; la localización de equipos; una lista del personal de emergencia que puede estar entre los asistentes; los pasos a seguir para contactar al equipo pastoral, reportar accidentes y transportar o inmovilizar a las víctimas.

Manejo de las perturbaciones. La descripción de trabajo de los ujieres y los anfitriones pudieran incluir también instrucciones y políticas en cuanto al manejo de las perturbaciones (interrupción del tiempo de las clases o del servicio de adoración; perturbaciones en el área de estacionamiento; robos; o amenazas.) Los miembros del equipo deben saber a *quién* contactar, *cómo* manejar perturbaciones especificas, y *qué* procedimientos deben seguirse en cuanto a dar aviso de la perturbación.

Procedimiento en cuanto a sentar a las personas. La descripción de trabajo debe incluir la política en cuanto sentar a los personas antes y durante los servicios de la iglesia. Debe decirse a los ujieres que sienten a las personas solo durante ciertos intervalos, no deben sentar a las personas durante momentos específicos del servicio de adoración (por ej., la oración, un canto especial, la recolección de las ofrendas, etc.).

3. ¿Han sido capacitados los ujieres y los anfitriones?

El ministerio efectivo de los ujieres y los anfitriones depende de una buena capacitación. La capacitación puede realizarse en un seminario de un día de duración, o bien durante el tiempo de educación cristiana o en sesiones extendidas y semanales (de cuatro a seis semanas).

La capacitación puede incluir la misión y el propósito, los procedimientos y las políticas; capacitación para atender emergencias (reanimación cardiopulmonar, primeros auxilios básicos); una visita dirigida (para ubicar el equipo de emergencia; etc.); simulacros de evacuación; y simulacros en cuanto a cómo lidiar con perturbaciones y emergencias.

Las períodos de capacitación ofrecen también oportunidades para crear un espíritu de equipo en el trabajo, enseñar principios espirituales (dones espirituales, etc.), promover la cooperación, y pueden ser un ambiente ideal para interacción con el equipo pastoral. La capacitación puede también incluir tiempos informales (con refrigerios o una comida).

4. ¿Van los ujieres y los anfitriones más allá de lo que se espera de ellos?

Ya se trate de un hotel de cinco estrellas o de un restaurante popular, son los toques extra los que hacen que las personas sigan regresando: un ambiente cordial, una bienvenida calurosa, ayuda rápida, información útil, buena señalización, servicio de aparcacoches, y la atención continua. Su iglesia puede facilitar sus propios toques extra: anfitriones en el estacionamiento (con paraguas a la mano); información y acompañamiento a la guardería y las áreas de cuidado de los niños; boletines y folletos asequibles y atractivos; ayuda a personas que con necesidades especiales (por ej., facilidades de estacionamiento para discapacitados; rampas y espacios para sillas de ruedas; provisión de información en cuanto a ministerios para sordos).

5. ¿Proporcionan los ujieres y anfitriones información útil?

Los ujieres y los anfitriones pueden ayudarle en su ministerio, reuniendo información útil para mantener los contactos: ayudando en el centro de bienvenida, distribuyendo tarjetas de visitantes, e invitando a las visitas a firmar el libro de visitantes.

Las salutaciones en el vestíbulo o en el área de estacionamiento pueden ser útiles para descubrir a los que visitan por primera vez, a personalidades o a personas con necesidades especiales. Los ujieres y los anfitriones pueden reunir informaciones sobre los visitantes, que puede ser usada por el personal de la oficina pastoral para enviarles cartas de bienvenida.

Además, los anfitriones en el vestíbulo pueden reunir información en cuanto a personas hospitalizadas, o que han fallecido, o que han recibido honores especiales. Esta información pueden servir para el ministerio de seguimiento.

6. ¿Destaca usted la importancia del orden?

La manera como sus ujieres y sus anfitriones sirven puede incluso ser más importante que el tiempo que sirven. Su ubicación en el auditorio comunica orden y organización. Los ujieres y los anfitriones deben ser capacitados para que utilicen su tiempo para conversar con los feligreses que llegan o se retiran, en vez de estar conversando entre ellos.

7. ¿Elogia usted en público y en privado a los ujieres y a los anfitriones?

Los ujieres y los anfitriones por lo general reciben poca o ninguna atención. Pero su fidelidad debe ser reconocida en público, en publicaciones de la iglesia, y en notas o cartas de agradecimiento. Los hechos importantes (como los años de servicio) pueden ser reconocidos con un certificado, un placa de pared, una tarjeta de regalo o algún otro honor.

El reconocimiento a los esfuerzos del equipo eleva su moral e impulsa a sus miembros a la excelencia. Si usted piensa realmente en esto, ¡puede dar una divina bienvenida a sus visitantes y a los asistentes regulares!

La imagen de su iglesia es tan buena como la manera que son recibidos quienes vienen a ella.

31

Cómo liderar un equipo de adoración

Suceda cada semana. A veces, el efecto es impresionante y dramático, como la caída estrepitosa de un címbalo o platillo. En otras ocasiones, es sutil, casi invisible, como el ascenso de la marea. Cada semana nos reunimos para tener compañerismo, enseñanza, el partimiento del pan, oración. Y cada semana Dios viene a reunirse con nosotros.

La adoración semanal es la parte más significativa en la vida de la iglesia. Es la ocasión cuando nos reunimos para celebrar quién es Cristo, y quiénes somos nosotros en Él. Nuestros ministerios de servicio son útiles. Nuestros ministerios de alcance son útiles. Nuestros ministerios de misericordia son esenciales. Pero ninguno de ellos tendría lugar sin el poder que recibimos cuando nos reunimos en la presencia de Dios. Necesitamos adorar al Señor.

Pastor, usted es el líder de la adoración en su congregación. Usted marca la pauta para cada reunión semanal. Usted guía ante el trono de la gracia a la congregación con la palabra y el ejemplo. Su rodilla es la primera que se arrodilla delante de Dios, y usted es el último en levantarse. Este vital ministerio de la adoración depende de su liderazgo y de integridad espiritual.

Cuando comencé mi ministerio, el equipo de adoración estaba formado por el organista, el pianista y yo. ¡Los tiempos han cambiado! Hoy, hasta las iglesias más pequeñas o medianas pueden incluir a varios músicos, cantantes y otros participantes en la adoración. Y el ministerio de drama se utiliza a menudo para complementar el mensaje del pastor.

Estos cambios son buenos. Muestran que las iglesias están tomando en serio la adoración, y más personas están involucradas en la planificación y dirección de este vital ministerio.

Sin embargo, estas innovaciones tienen un precio. Requieren una mayor inversión de tiempo, tanto de parte de los laicos como del pastor. Su plato ya está lleno; ¿tendrá tiempo para añadir un ensayo de adoración y otro de teatro cada semana?

Usted no tiene que hacerlo. Aquí tiene cómo dirigir un vibrante programa de adoración, sin añadir otra noche a su semana de trabajo.

1. Haga de la adoración el objetivo

Cuando reclute personas para que sirvan en el servicio de adoración, asegúrese de que ellas conozcan el propósito: ayudar a la congregación a exaltar a Jesucristo. Cuando tenga una reunión con el equipo, por la razón que sea, afirme ese propósito de nuevo. Dígalo a la congregación. Permita que cada persona que entra a su iglesia cada domingo sepa la razón por la que está allí. Recuérdese a sí mismo ese propósito cada vez que se prepare para predicar. Dé la nota más alta para adoración, y su equipo de adoración armonizará con usted.

2. Defina al equipo de adoración en su sentido amplio

La "adoración" es utilizada algunas veces como sinónimo de "música". Pero no es lo mismo. La adoración incluye todo lo que hacemos juntos que glorifica a Dios. Eso significa que el equipo de adoración incluye más que solamente los músicos que dirigen a la congregación en el canto. Todos los que están involucrados en la planificación y la ejecución del servicio dominical son parte del equipo de adoración. Haga que ellos también se unan al equipo.

3. Lleve la batuta

Tenga un tiempo a solas con Dios, escuche lo que Él le diga, y luego cuéntelo a los demás. Esa es la esencia del liderazgo en la adoración. Si usted entiende el propósito de la adoración cada semana y lo comunica a su equipo, tendrá una vibrante reunión de adoración.

¿Tiene pensado presentar el evangelio? Asegúrese de que su equipo de oración lo sepa. ¿Tiene la intención de exaltar a Dios el Padre? Deje que sus músicos lo sepan. Desde los ujieres y los anfitriones hasta los miembros del equipo de drama, todos los que tengan una parte en el servicio deben saber cuál es el propósito de usted. Si lo saben, lo ayudarán a lograrlo.

4. Distribuya el trabajo

¿Qué papeles juega usted en la adoración, aparte de la predicación? ¿Escoge la música? ¿Prepara la Santa Cena? ¿Hace los anuncios? ¿Lee las Escrituras? ¿Dobla los boletines? Todas estas cosas pueden ser hechas por otros. Si usted distribuye el trabajo, tendrá más tiempo para concentrarse en el ministerio de la Palabra y en la oración, y logrará obtener más participación en la vida de adoración de la iglesia. Haga un buen reclutamiento, fije las expectativas, y dé seguimiento. Sea el líder, no el equipo.

5. Cree controles espirituales

Usted ha vivido esta pesadilla. El solista da un discurso prolijo que no tiene nada que ver con el servicio de adoración. El laico que tendrá la lectura bíblica llega tarde a la iglesia, y no puede recordar qué pasaje iba a leer. Mientras tanto, el teclista y el guitarrista están discutiendo en cuanto a quién debe ser quien fije el compás de los cantos. Usted no sabe si enojarse y pegarles un grito, o si esconderse debajo de una de las bancas.

El liderazgo en la adoración involucra a las personas de la iglesia en una de las experiencias más emocionantes y peculiares, todo a plena vista de todos en la congregación. No es de extrañar que los egos, las emociones e incluso el mal humor se pongan en evidencia algunas veces. Pero usted puede evitar eso creando controles espirituales en la vida de su equipo. Insista en que cada sub-equipo dedique un tiempo para orar cuando practican o ensayan. Reúnase con los líderes de sus equipos periódicamente para hacer un chequeo espiritual y tener un tiempo de transparencia en cuanto al testimonio personal. Pregunte: "¿Cómo está la moral o el estado de ánimo de tu equipo en esta momento? ¿Cómo puedo ayudar a los miembros de tu equipo a mantenerse enfocados en el propósito de exaltar a Cristo?"

6. Celebren juntos

El servicio de adoración debe ser la parte más deleitosa de la vida de su iglesia y de la vida de cada miembro. Si lo hace bien, el líder de adoración ayudará a su iglesia a sentir la presencia de Dios. ¡Eso es emocionante! Deje saber a su equipo cuán importantes son. Recuérdeles el valor eterno de lo que están haciendo. Celebre cada éxito, y deje a un lado rápidamente cualquier fracaso que tengan.

Cada domingo nos reunimos los creyentes en la iglesia. Dios se reúne con nosotros y vidas son transformadas. Como pastores, tenemos el privilegio no solamente de tener parte en este milagro, sino también de inspirarlo. Inspire bien. Las vidas dependen del resultado.

32

Inspire confianza

En mi primer día de mi nuevo pastorado, recibí en la oficina la visita de un líder de la iglesia. "Bienvenido, pastor," dijo con una sonrisa. "¡Nos alegramos de que esté aquí!" Luego añadió este enigmático comentario: "Sin duda, le viene al dedillo el trabajo que tiene que hacer." ¡Qué va!

La iglesia se había dividido hacía poco por una amarga disputa. Cuando el anterior pastor se marchó, también lo hizo la tercera parte de la congregación. Los que se quedaron estaban enojados, heridos y llenos de pesimismo.

El futuro parecía, sin duda, poco prometedor. Pero no era así. Nos recuperamos de ese punto bajo en la historia de la iglesia, para alcanzar incluso alturas mayores que antes. Las viejas heridas fueron sanadas, y la gente se llenó de optimismo en vez de desesperanza. Al mismo tiempo, descubrí que es posible guiar a las personas con la esperanza, ayudarlas a descubrir la posibilidad de superar un pasado doloroso, y mirar hacia un futuro brillante.

He aquí algunas de las estrategias que utilicé para traer sanidad y esperanza a mi nueva congregación.

1. Recordar lo bueno

Muchas iglesias tienen problemas o se mueren porque no tienen visión. Están sin esperanza. Y la visión de cada iglesia comienza con su historia. Toda congregación tiene una historia que contar. Antes de que el futuro pueda ser visto claramente, hay que entender el pasado completamente. Uno de mis primeros proyectos en la nueva iglesia fue escribir sus setenta y cinco años de historia. Incluimos anécdotas, estadísticas, fotografías y testimonios. Esto dio la base para todo lo que siguió después en nuestra misión.

Ya sea que la historia de su iglesia sea positiva o dolorosa (probablemente sea ambas cosas!), usted debe entender su pasado para poder planificar su futuro.

2. Involucrar a los líderes

Una vez que se creó el fundamento del pasado, comenzamos a comunicar una visión para el futuro. Por medio de la predicación y la enseñanza en cuanto a la manera poderosa como Dios había guiado a la iglesia, ésta y su liderazgo comenzaron a ver una nueva dirección. El desarrollo de la visión de la iglesia, y de este modo el desarrollo de esperanza, comienza con sus líderes. En la sociedad escéptica de hoy, uno no puede simplemente pararse en el púlpito, y decir: "Dios me habló, y así es como va a ser." Uno puede oír que alguien le grita desde el auditorio: "¡Dios también me habló, pastor, y eso no fue lo que me dijo a mí!" Si usted quiere desarrollar una visión que será captada por todos, debe ser captada primero por los líderes.

Permita que su equipo de liderazgo haga los ajustes en cuanto al futuro de la iglesia. Usted puede, con un espíritu de oración, guiar en cuanto a una evaluación de sus características actuales; deje luego que ellos "sueñen en cuanto al futuro". Guíelos a diseñar los pasos que serán necesarios para el éxito ministerial del equipo. Esto puede hacerse en una sesión que dure todo un día, o en una serie de reuniones, o en el ambiente de un retiro.

Usted siembra la semilla de la esperanza. Permita luego que ella germine en un ambiente de discusión abierta. El resultado será una cosecha de esperanza.

3. Centrarse en otros

Guiar a la gente con esperanza tiene siempre una misión en mente. Y, según el evangelio, esa misión incluye ministrar a las personas. Su iglesia no tiene simplemente que ver con un inmueble, un personal o un programa; tiene que ver con personas. La visión de su iglesia para el futuro debe incluir siempre el centrarse en las necesidades de los demás. Estar consciente, y luego crear conciencia en la congregación, de las necesidades que hay en su comunidad es fundamental para desarrollar un plan visionario que dé respuesta a esas necesidades. Una iglesia que solamente ayuda a quienes están dentro de ella se convertirá más en un taller de reparación que en un hospital.

Nunca olvidaré una reunión de la junta directiva de nuestra iglesia en la que tuvimos una lluvia de ideas para alcanzar a nuestra comunidad. Una persona dijo: "¿Saben qué pienso yo que necesita nuestra iglesia? Flores."

¿Flores? Pensé. *¡Por favor!* Sin embargo, dejé que la persona explicara la idea por completo.

"Esta es una de las intersecciones más activas de la ciudad," siguió diciendo el miembro de la junta. "Cada día, unos sesenta y seis mil automóviles pasan junto a nuestra iglesia. Parecemos simplemente un edificio más de oficinas. Tenemos unos avisos mediocres, y no hay que diga 'bienvenidos' a las personas que pasan por donde estamos. Necesitamos flores para llamar su atención hacia nosotros, y hacer que se sientan bienvenidos."

El día siguiente, este hombre obró de acuerdo con lo que dijo. No solamente envió a su jardinero personal a ajardinar los terrenos de la iglesia, sino que también me entregó un cheque por tres mil dólares. Hoy, cuando uno llega a estas instalaciones, la vista es impresionante. ¡Los transeúntes caminan a la iglesia para tomar fotografías de las flores!

Al centrarse en las personas en vez de hacerlo en los problemas, el equipo de liderazgo desarrolló una visión, y comenzó a pensar con esperanza, en vez hacerlo con desaliento.

4. Incluir las prioridades bíblicas

Para liderar con esperanza, usted debe usar siempre la Biblia como un mapa de carreteras. Su visión debe incluir las prioridades que ya están presentadas en la Palabra de Dios. Las metas y las estrategias elaboradas por el equipo de liderazgo deben estar siempre engranadas con las prioridades bíblicas, incluyendo cosas como la evangelización, el discipulado, el desarrollo de la mayordomía, y la plantación de iglesias.

La Biblia es un libro de esperanza. Cada libro de ella lleva a la esperanza final: el retorno de Cristo con poder y gloria para establecer su reino en la Tierra. Comunique el fundamento bíblico de su visión en todas las cosas que pueda. Predique acerca de esto, por lo menos una vez al año, inclúyalo en los informes que presenta a la iglesia, e introdúzcalo en todas las publicaciones de su iglesia. Recuerde a las personas que lo que usted está haciendo está basado sólidamente en la Palabra de Dios. Y la Palabra de Dios es una Palabra de esperanza.

Es posible recuperarse de la derrota. Su trabajo futuro puede ser aun más brillante que sus triunfos pasados. Lo único que hace falta es un líder con esperanza y con una visión; un líder como usted.

33

La evangelización efectiva

El camino al cielo sigue siendo todavía uno solo (Jn 14.6).

Usted es un predicador y un maestro de ese camino. Fue comisionado para predicar y enseñar el evangelio, la buena noticia de que Dios amó tanto al mundo, que sacrificó a su propio Hijo para la salvación de la humanidad. Esto debe estar en el mismísimo centro de su ministerio, que es la misión fundamental de su iglesia, y el tema subyacente en cada mensaje o lección de ella.

Usted fue comisionado para decir a las personas cómo pueden alcanzar el cielo. ¡Saber cómo hacer esto de manera efectiva debe ser uno de sus objetivos principales! Y saber cómo enseñar a otros a hacer eso debe ser un alta prioridad para su ministerio.

Hay una multitud de maneras de compartir el plan de salvación. Pero muchos de ellos, simplemente, no están siendo utilizados. Usted puede marcar la diferencia en esa tendencia. Puede enseñar a sus feligreses, por medio del ejemplo y de la capacitación, cómo conducir a otra persona a Cristo.

Ganar almas sigue siendo lo principal. La iglesia tiene muchas metas, pero solamente un propósito fundamental: compartir con el mayor número de personas posible la obra salvadora y santificadora de Cristo. ¿Cómo comunica usted este propósito a su congregación? ¿De qué manera lo hace el centro de su ministerio?

1. Conózcalo de manera personal

La prioridad número uno es tener una relación personal y creciente con Cristo por medio de la fe en su obra expiatoria. Usted no puede compartir lo que no ha experimentado. El apóstol Pablo vivió esa situación. Procedía de una familia religiosa, fue educado en las mejores escuelas y trabajó diligentemente para fomentar su religión. Pero no conocía a Cristo, hasta aquel día en que su vida fue transformada en el camino hacia Damasco. Después de eso, el evangelio no fue una experiencia de segunda mano. Efesios 3.7 (NVI) dice: "De este evangelio llegué a ser servidor como regalo que Dios, por su gracia, me dio conforme a su poder eficaz."

2. Inclúyalo en el mensaje

Pablo dijo: "Ahora, hermanos, quiero recordarles el evangelio que les prediqué, el mismo que recibieron y en el cual se mantienen firmes" (1 Co 15.1). El mensaje de salvación del evangelio debe ser un tema permanente en su predicación: El hombre debe reconocer que es pecador (Ro 3.23), que Jesús murió por su pecado (Jn 1.12), y confesar a Jesucristo como el Señor de su vida (Ro 10.9, 10).

3. Inclúyalo en la programación

Una presentación de los principios del evangelio puede incluirse en el ministerio, en todos los niveles de edades. Por ejemplo, un segmento de la clase del pastor o de la clase sobre membresía puede incluir esa presentación. El ministerio de los niños de su iglesia puede incluir un "domingo de decisión" en el que se presente el mensaje del evangelio. Y en el programa semanal de los jóvenes pueden presentarse vídeos y testimonios en DVD de personalidades de los deportes.

Los grupos pequeños de estudio son ideales para presentar el evangelio. Los grupos de mujeres o de hombres, por ejemplo, pueden incluir un estudio bíblico sobre cómo pueden conocer a Dios o compartir su fe.

4. Resáltelo en todos los ambientes de la iglesia

El patio delantero de la iglesia, el vestíbulo, las salas de clase, los espacios para confraternizar, y todos los ambientes deben tener versículos que hablen del evangelio. A los visitantes se les pueden presentar los principios básicos del evangelio incluso antes de llegar al servicio de la iglesia. Cualquier parte en que las personas estén sin hacer nada, o se detengan, es un buen lugar para tener textos atrayentes que resalten el mensaje del evangelio.

5. Enfóquese en él con regularidad

La presentación del evangelio puede ser no solamente un tema que fluya en la predicación, en la enseñanza, y en el ministerio con los grupos pequeños de la iglesia; también en cruzadas o concentraciones de evangelización surgen oportunidades para oír su mensaje. Participe en la planificación del evento, haga publicidad del mismo en las publicaciones de su iglesia y en las presentaciones de los medios, y organice un esfuerzo en el que participe toda la iglesia, incluyendo la transportación, para que esté presente una delegación de su ella. Y haga hincapié en la oración por ese evento.

6. Preséntelo de forma individual

A cada miembro de su equipo de liderazgo o de enseñanza se le debe instruir en cómo compartir el evangelio. Las sesiones semanales, mensuales o anuales prepararán a su equipo en cuanto a cómo compartir el plan de salvación, y a la atención a los creyentes nuevos.

En el camino a Gaza durante el tiempo del Nuevo Testamento, el discípulo Felipe se encontró con un hombre que estaba leyendo las profecías del Antiguo Testamento en su carruaje. La acción de Felipe y la reacción del hombre son recordatorios estimulantes para todos nosotros de la necesidad de presentar el evangelio: "Felipe se acercó de prisa al carro y, al oír que el hombre leía al profeta Isaías, le preguntó: ¿Acaso entiende usted lo que está leyendo?" le preguntó Felipe: El hombre contestó: "¿Y cómo voy a entenderlo si nadie me lo explica? Así que invitó a Felipe a subir y sentarse con él" (Hch 8.30, 31 NVI).

Hay alguien en cada camino de la vida que necesita de alguien para que le explique cómo puede su aflicción transformarse en gozo. ¡Una visión que comience en su corazón puede terminar en el corazón de esa persona!

34

Cómo mejorar la imagen cuando escribe

Algunas de las informaciones más útiles y prácticas que hay en la Bibli fueron enviadas en forma escrita. La calidad de su correspondencia pastor, afecta directamente a la comunicación de su información. L calidad es importante. Veamos algunas áreas de la correspondencia de un iglesia que, sin duda, merecen control de calidad.

1. La correspondencia institucional e informativa

Las cartas formales de su iglesia deben ser precisamente eso: formales. L correspondencia de su iglesia a entidades gubernamentales, organizacione comunitarias o empresas debe representar lo mejor de su iglesia. De igua manera, la correspondencia legal u organizacional a sus feligreses deb reflejar la dignidad y la importancia de su iglesia. Por consiguiente, cabe algunos recordatorios.

Utilice membrete y diseño de calidad. El logotipo de su iglesia puede se la parte más importante de su membrete. Debe tener también algunas otra características: no debe ser recargado; debe contener toda la informació básica (nombre, dirección, teléfono, fax, correo electrónico, dirección d sitio web, información del personal); su color debe ser de matices dignos e vez de llamativos; debe tener un aspecto profesional. El papel debe tener un textura estándar; y la carta nunca debe estar escrita en cursivas o con un fuente poco común.

Cree un contenido de calidad. Por lo general, usted puede ver un modelo le carta en su programa procesador de palabras, y simplemente "pinchar listo" su mensaje en una carta ya formateada. Nota: *Nunca* envíe una correspondencia escrita a mano como una carta formal institucional. Además, haga una comprobación ortográfica, forme las oraciones y los párrafos con mucho cuidado, sea breve, claro, e incluya un saludo y una despedida apropiados.

Ofrezca una presentación de calidad. Por supuesto, el membrete y el sobre deberán hacer juego. Una buena carta puede arruinarse si se envía en un obre sucio o ajado. Si la estampilla es prepagada del correo, eso le da un buen oque, pero si eso no está en su presupuesto, asegúrese de que las estampillas engan un aspecto profesional, estén bien cuidadosamente colocadas en el obre, y tengan el franqueo correcto.

En segundo lugar, sus cartas deben ser oportunas. La oportunidad on la cual envía o responde la correspondencia ministerial, de negocios, informativa, dice mucho acerca de usted y de su iglesia. Este tipo de orrespondencia merece atención inmediata. Incluso las cartas con un uen formato y un buen contenido tendrán un impacto negativo si no son ntregadas en el momento oportuno. (Como principio general, deben ser ontestadas dentro de las veinticuatro o cuarenta y ocho horas siguientes.) La orrespondencia a los feligreses debe también enviarse de manera oportuna. Por ejemplo, las cartas en cuanto a la membresía, respondiendo preguntas, de felicitación, deben ser enviadas lo más pronto posible.)

En tercer lugar, sus cartas deben tener un tono positivo. La correspondencia mable y con un tono cristiano tendrá un efecto positivo en los destinatarios. aunque haya que abordar algún asunto negativo, éste debe presentarse de na manera tal que refleje positivamente a la iglesia y al Reino.

En cuarto lugar, la correspondencia debe ser archivada. Hay que mantener or tiempo indefinido un archivo seguro (en la computadora y en una unidad e respaldo) de la correspondencia institucional, comercial e informativa. stas cartas no solamente sirven como referencia, sino que también pueden er usadas como documentos probatorios en cualquier acción legal.

. La correspondencia a los visitantes

Jada dice tan bien "¡Bienvenido!" como una carta. La persona que visita su iglesia puede ser saludada de una manera cálida y cordial por el anfitrión, pero una carta de bienvenida le dirá: "Usted realmente le importa a esta iglesia."

El membrete de la iglesia. La correspondencia enviada a los visitantes con el membrete de la iglesia tiene algunos aspectos positivos. Da una información más amplia. El membrete da automáticamente la información de contacto básica en cuanto a la iglesia y su personal (y la correspondencia puede mejorarse incluyendo un folleto, que probablemente cabe en un sobre de tamaño convencional).

Postales. La fotografía digital combinada con la edición electrónica hace posible crear postales personalizadas que contengan una foto distintiva personal o de los predios de la iglesia. El mensaje del pastor puede ser cálido y breve, e incluir la dirección.

Correo electrónico. Si la tarjeta del visitante incluye su dirección electrónica usted puede darle de inmediato una efectiva bienvenida electrónicamente.

3. Correspondencia para pedir contribuciones económicas

La campaña anual de mayordomía de la iglesia puede ser acentuada con el envío de una carta bien hecha a toda la iglesia.

Diseñe un membrete con el asunto. Incluya el logotipo y la frases sobre la campaña en un papel con membrete, y utilizando un sobre que haga juego. Una carta bonita, sencilla, clara y bien diseñada, con un tipo de letra fácil de leer y de colores vivos puede ser un puente de comunicación inmediato con su congregación.

Ponga un breve "gancho" en el sobre. Usted tiene menos de cinco segundos para captar la atención de la persona que recibe la carta. Una frase breve de identificación o que llame la atención lo pone a usted en ventaja.

Comience con una historia. Las anécdotas o referencias personales atraen la atención del lector a la carta. Una declaración, un testimonio o una historia le ofrecen al lector un punto de referencia, y le da a la carta un toque más cálido.

Tenga bien pensadas las preguntas claves de la comunicación. Después de la introducción, debe venir la importante información en cuanto a su pedido de contribución económica. El quién(es), qué, cuándo, dónde, y por qué de la petición deben estar explicados con claridad.

Añada una posdata. A menudo, el texto de una carta (y muchas veces el más leído) es la posdata. Es muy efectivo incluir un resumen en la carta, o añadir una información expresada con una breve frase, después de la firma. Usted puede también incluir la petición de una respuesta, enfatizando las fechas y las metas.

Usted tiene una maravillosa oportunidad de transmitir calidad en diferentes correspondencias: cartas de bienvenida a la membresía, atención después del bautismo, dedicación de niños, reconocimiento de graduados, ascenso en el trabajo, y reconocimiento por servicios a la comunidad.

Escriba sus cartas después de haber orado, con esmero y en un tono positivo. La calidad es importante.

35

DIEZ CONSEJOS EN CUANTO A VISITA A LOS HOSPITALES

La visita a hospitales es una obligación para las iglesias que crecen. Puede ser hecha por un miembro del personal de la iglesia, o por un laico, pero los pastores deben involucrarse directamente. Por haber servido a iglesias, estoy muy consciente de que la visita a los hospitales puede volverse un gran desafío a medida que crece la iglesia. Mi opinión es que el pastor principal de una iglesia debe ser el facilitador de la atención pastoral a los enfermos, y capacitar a los líderes clave de la iglesia que tienen el don de la misericordia. Las iglesias grandes pueden contratar personal pastoral para ayudar en esto.

Algunas de las relaciones más importantes son las que se crean durante una crisis de enfermedad. Pastor, usted tiene que ser visible cuando los miembros de su congregación, o sus familiares, estén hospitalizados. He aquí algunos consejos en cuanto a la visita a los hospitales.

1. Familiarícese con la política del hospital

Conozca la política en cuanto a visitación que tiene el hospital que usted piensa visitar. ¿Cuál es su política con respecto a las visitas de los pastores? ¿Qué identificación se necesita? ¿Hay un área de aparcamiento designada? ¿Qué restricciones hay en cuanto las horas de visita? ¿Hay áreas que el personal hospitalario considera vedadas a los pastores? Su espíritu de cooperación creará una impresión duradera en cuanto a su ministerio y a su iglesia.

Una actitud de presión o agresiva puede dificultar la posibilidad de futuras visitas, influenciar negativamente la actitud del personal del hospital o la opinión del paciente en cuanto al Reino de Dios, y causar división entre otros pastores y usted.

Una manera de conectar al personal del hospital con el ministerio del pastor es ofrecerse como voluntario. Esté disponible para hacer labores de capellanía, si es posible. Sirva en las campañas de recaudación de fondos del hospital. Ponga en alto al personal médico en una ceremonia de premiación de servicios a la comunidad durante un culto de la iglesia. La buena voluntad ayuda mucho.

2. Conozca al paciente

Conozca lo más que pueda al paciente, y la razón por la que está hospitalizado, hasta donde sea posible. Sin volverse un entrometido, el saber de qué se trata su enfermedad o padecimiento puede evitarle a usted meteduras de pata. Enterarse de cuáles son los hobbies o intereses del paciente puede servir para facilitar la conversación durante la visita.

3. Visite a las horas designadas

Hasta donde sea posible, sus visitas deben ser durante las horas convenientes para el paciente y para el personal del hospital. Por ejemplo, el baño del paciente, las exámenes, las terapias, el cambio de ropa, o la limpieza de la habitación, se realizan durante las horas de la mañana.

La mayoría de los hospitales permiten visitas de los pastores a cualquier hora, antes de las intervenciones quirúrgicas. Aun así, el pastor debe estar alerta a la preparación del paciente para la operación. Los pastores deben estar presentes para las intervenciones quirúrgicas delicadas, pero no deben estorbar el trabajo del personal.

Además, los pastores que visitan deben tener cuidado cuando visitan a niños o jóvenes. Asegúrese de que alguien más sabe que usted está allí, y la razón por la que está. En esos casos, sería mejor que las visitas sean hechas cuando estén presentes miembros de la familia.

4. Vista adecuadamente

Cuando usted hace una visita a un hospital, no solo representa a su iglesia local, sino también al Reino de Dios. ¡Los pastores que parecen que (o huelen como si) acabaran de correr una carrera de cinco kilómetros o que vienen directamente del gimnasio, pueden hacer más daño que bien! Vestir de manera formal o casual es su decisión, pero asegúrese que lo apropiado, la higiene y la buena presentación imperen.

5. Concéntrese en el paciente

Usted está allí para ver al paciente. Concéntrese en él. Por supuesto, será amable con sus familiares, amigos o personal del hospital, pero asegúrese de que el paciente no se sienta excluido de la conversación (a menos que esté inconsciente o dormido). El paciente quiere saber que usted está escuchando sus inquietudes. Ese modo de actuar incluirá escuchar quejas y también elogios, sin tener que estar de acuerdo o en desacuerdo con ellos.

La visita al hospital no debe ser un tiempo para tratar asuntos de la iglesia. Sus feligreses hospitalizados están más preocupados por su condición física que por la condición del presupuesto de la iglesia, o por la falta de avance en el proyecto de construcción. Esta conversación puede ser para otro momento. A menos que le hagan preguntas específicas (y si se las hacen, sea breve y positivo al dar las respuestas), concéntrese en la condición física inmediata del paciente.

6. Utilice la lectura de la Biblia y la oración

El propósito de su visita no es liderar una concentración para dar ánimo al equipo deportivo local o profesional (aunque eso puede servir para iniciar una conversación). Tampoco está allí para hacer previsiones meteorológicas. Está allí como un embajador del reino de Dios. Su misión principal es dejar que Él hable a su paciente por medio de su Palabra, y que usted le hable a Él en beneficio del paciente. Además, siempre digo a quienes atienden a enfermos, que tomen su mano cuando tengan una oración. Recuerde que, cuando tocamos, lo hacemos en el nombre de Cristo.

7. No dé un diagnóstico o pronóstico

Seamos realistas: a menos que usted haya estudiado medicina, no está en condiciones de hacer un diagnóstico médico. Su opinión en cuanto a tratamientos para el paciente puede ser o no pertinente, pero debe reservársela para usted mismo.

Evite responder las preguntas que le haga el paciente en cuanto a su enfermedad o tratamiento. Por lo general, hay dos lados en el diagnóstico médico. Usted no querrá poner en peligro el tratamiento que recibe el paciente, expresando su opinión.

8. Sea cortés con el personal de salud

Usted no hace las visitas al hospital solo. Toda su iglesia viene con usted. Una actitud amistosa para con el personal del hospital será útil para transmitir una imagen positiva de su iglesia local.

9. Incluya al compañero de habitación del paciente en la visita

En una situación de habitación semiprivada, hay que dar también atención al compañero de habitación del paciente. Averiguar quién es o incluirlo en sus oraciones (con su permiso) podría dar como resultado que asista a su iglesia.

10. Sea breve

Hay una razón para que el paciente haya sido hospitalizado. Por lo general, siente molestias. Las conversaciones largas con el pastor que lo visita no lo ayudará necesariamente. A menos que el paciente parezca desear que el pastor se quede más tiempo, lo que rara vez ocurre, sería mejor que las visitas duren de diez a quince minutos. El hecho de que usted está allí, es más importante que el tiempo que esté allí. Hágase presente, vaya al grano, y regrese a su automóvil.

Creo en la medicina integral, y estoy convencido de que los pastores somos una parte vital del equipo médico. Después de todo, representamos al Gran Médico.

36

Cómo revivir a una iglesia tibia

En los albores del siglo XX, el General William Booth del Ejército de Salvación profetizó que la iglesia experimentaría los siguientes puntos de partida si no se producía un avivamiento: una cristiandad sin Cristo; perdón sin arrepentimiento; salvación sin regeneración; religión sin el Espíritu Santo; política sin Dios; y cielo sin infierno.

Hace algunos años, un pastor examinó las palabras de Booth y clamó a Dios por un avivamiento. Finalmente, en su desesperación, le preguntó a una querida y piadosa hermana de la iglesia: "¿Qué traerá avivamiento a nuestra iglesia?" Sin titubear, ella respondió: "¡Segundo de Crónicas 7.14!" El pastor estaba familiarizado con el versículo, pero decidió hacer un estudio del mes para predicar un sermón en cuanto al avivamiento. Un mes después, el pastor predicó basado en ese texto y compartió una fórmula en cuanto al avivamiento. La fórmula sigue siendo tan aplicable hoy como entonces. ¿Por qué razón? ¡Porque los síntomas son los mismos! Lamentablemente, la profecía de Booth se está cumpliendo.

Los ministros del evangelio de hoy están en medio de la sociedad que describió el fundador del Ejército de Salvación. Los pastores harán muchos llamados, pero ninguno será más importante que llamar a una congregación a tener una renovación espiritual, un avivamiento personal. Este es el tiempo para que la iglesia tome en serio acercarse más a Dios. Demasiadas cosas se han interpuesto entre Dios y su pueblo. El temor. La mundanalidad. El materialismo. Los excesos. La necesidad más grande es la renovación espiritual. Pero el avivamiento de una nación comienza por el avivamiento en la iglesia, y el avivamiento en la iglesia comienza con un avivamiento en los hogares. Por consiguiente, el avivamiento en el hogar comienza en el corazón de sus miembros.

1. Los métodos

Los métodos están evolucionando constantemente. Lo que parecía funcionar en el pasado puede que funcionen o no ahora. Es probable que diez a quince "servicios de avivamiento" en el año no se encuentren en las agendas de las afanadas y atosigadas familias de hoy. Casi cada noche de la semana está llena de actividades, desde clases hasta prácticas de equipo, y desde planes de trabajo hasta servicio comunitario. La familia del siglo XXI no tiene mucho tiempo libre.

Sin embargo, hay todavía lugar para un énfasis adicional en cuanto a la renovación espiritual. La evangelización sigue en la lista de los dones espirituales, y los buenos evangelistas pueden enriquecer su congregación. Por supuesto, pueden predicar sobre los mismos temas que usted ha tratado, pero una voz fresca puede decir lo mismo con resultados sorprendentemente aun mayores.

Un llamado al avivamiento en el siglo XXI utilizará una variedad de métodos: un domingo de avivamiento o un énfasis de fin de semana con un evangelista; una serie, durante un mes, de sermones de avivamiento por el pastor; estudios en grupos pequeños enfocados en el avivamiento; la salida a otro lugar de un grupo para oír a un orador o autor cuya especialidad sea la renovación espiritual; retiros; asistir a una iglesia que esté teniendo una campaña de avivamiento (la asistencia misma puede convertirse en una fuente de renovación para quienes se involucren en esto); o que toda la iglesia tenga el estudio de un libro de la Biblia, o de un libro que enfatice la renovación espiritual.

2. El mensaje

Yo fui el pastor que hizo el estudio de 2 Crónicas 7.14. Después hice un bosquejo con este pasaje, y lo prediqué con resultados alentadores. El Señor estuvo presente, y la iglesia tuvo un avivamiento como nada de lo que había conocido antes. ¡Mi iglesia creció a un ritmo fantástico todo el año! El mensaje del avivamiento se encuentra en este bosquejo que hice del mismo.

Orar sin cesar. Los grandes avivamientos de la historia comenzaron con una reunión de oración. Una o más almas hambrientas de una unción fresca buscaron al Señor en momentos de oración, y se negaron a darse por vencidas hasta que la oración fue respondida. La oración es siempre el fundamento de una unción fresca.

Jesús lo enseñó: "Pues si vosotros, siendo malos, sabéis dar buenas dádivas a vuestros hijos, ¿cuánto más vuestro Padre celestial dará el Espíritu Santo a los que se lo pidan? (Lc 11.13).

Los discípulos lo demostraron. Hechos 4.31 dice: "Cuando hubieron orado, el lugar en que estaban congregados tembló; y todos fueron llenos del Espíritu Santo, y hablaban con denuedo la palabra de Dios."

Practicar la santidad de vida. El principal requisito de Dios en cuanto a la iglesia no tiene nada que ver con sus instalaciones, el personal o la asistencia promedio. Pedro lo escribió: "Sino, como aquel que os llamó es santo, sed también vosotros santos en toda vuestra manera de vivir; porque escrito está: Sed santos, porque yo soy santo" (1 P 1.15, 16). La sociedad necesita ver la santidad de Dios encarnada en el pueblo de Dios, en personas que practiquen lo que predican.

Por supuesto, el pastor tiene que ser el primero en dar el ejemplo. Un corazón dispuesto a ser quebrantado es suelo fértil para el poder y la presencia de Dios.

Amar a los demás. El avivamiento fluye donde se rompen las barreras. Un pueblo que tome la iniciativa de amar a los demás, a pesar de todo, no solamente será impactado espiritualmente él mismo, sino que también impactará a otros. (Ver 1 Juan 4.20.)

Ser diligentes en buscar a las personas. Cuando se produzca la renovación espiritual, ésta no será un secreto. ¡Todo el mundo lo sabrá! Y cuando un avivamiento llega a un pueblo, éste no querrá mantenerlo en secreto. Una iglesia que busca a las personas tiene menos posibilidades de tener problemas internos. Enfocarse en las necesidades de otros, hace que la iglesia se olvide de sus propias necesidades.

Demostrar generosidad en el dar. La renovación espiritual siempre se extiende a la chequera. La renovación espiritual trae una nueva visión. Y las acciones en cuanto a la visión llevan a apoyar con recursos económicos esa visión. Los pastores que hacen un llamado de avivamiento a su pueblo son los que normalmente cosechan el beneficio de una iglesia que da cada vez da más.

Experimentar el poder del Espíritu Santo. El crecimiento de la iglesia viene después que se produce el crecimiento en las almas. Las almas llenas del Espíritu de Dios tienen la ventaja de recibir ayuda para un ministerio vibrante. Cada iglesia que conozco, incluida la mía, necesita del poder de Dios. Y cada pastor que conozco, incluyéndome a mí, necesita más del poder de Dios.

Cuando llame a su gente a un avivamiento, usted probablemente será el primero en responder.

37

Cómo dar corrección

La comprensión y el uso correcto de palabras son importantes en cada segmento de la sociedad, pero particularmente en la iglesia. Hay pastores que han perdido votos para mantenerse como pastores por unas pocas palabras. Las iglesias han perdido más de un miembro por las palabras dichas. Si usted no lo ha descubierto todavía, pronto se dará cuenta el fantástico poder de las palabras.

Las palabras pueden ser utilizadas, como bombas o como buqués de flores. ¿Qué prefiere usted recibir en la puerta de su casa? Unas pocas palabras pueden combinarse con otras expresiones y lanzarse a la vida de otra persona, y causar con ellas más estragos que un elefante dentro de una tienda. Por el contrario, las palabras pueden ser dadas como una golosina a un compañero de equipo desanimado. Un "gracias" a su debido tiempo, o "te aprecio," pueden hacer más bien que un cheque con una bonificación. Las palabras tienen el poder de motivar y sanar.

Pero las palabras tienen que ser sinceras. ¿Cómo saber cuando su comunicación es sincera? He aquí algunas preguntas de análisis para probar la sinceridad de su comunicación.

1. ¿Soy sincero sin ser destructivo?

La sinceridad es siempre la mejor política, pero hay una línea que cuando se atraviesa ya no puede desatravesarse, de la misma manera que el sonido que hace una campana no puede después deshacerse. Como pastor, usted es responsable de vigilar las ovejas. Vigilar las ovejas puede ser un trabajo tanto activo como pasivo. Las ovejas no siempre hacen lo que es correcto. No van siempre adonde deben ir. No siempre muestran la actitud correcta hacia otras ovejas. El pastor, por tanto, tiene que ocuparse de la conducta de sus ovejas para cuidarlas y protegerlas.

Los pastores pastorean a personas. Y las personas no siempre hacen lo que es correcto, no siempre van adonde deben ir, ni siempre muestran la actitud correcta. El apóstol dio estas instrucciones a Timoteo en cuanto al pastorado: "Predica la Palabra; persiste en hacerlo, sea o no oportuno; corrige, reprende y anima con mucha paciencia, sin dejar de enseñar" (2 Ti 4.2 NVI).

Es cierto que predicar es mucho más fácil que corregir y reprender. Pero corregir y reprender son parte del ministerio pastoral. Habrá momentos en que las palabras formarán frases, y las frases expresarán una evaluación honesta. Nunca es fácil, pero muchas veces es necesario hacer esto.

Hay momentos en que la honestidad puede herir a aquellos que estén en ambos lados de la evaluación. Afortunadamente, el Espíritu Santo promete guiar nuestras palabras: "Hablamos, no con las palabras que enseña la sabiduría humana sino con las que enseña el Espíritu, de modo que expresamos verdades espirituales en términos espirituales" (1 Co 2.13 NVI).

¿Cuándo se vuelva destructiva la honestidad? Se atraviesa la línea cuando la honestidad se convierte en un palo para golpear, en vez de un cayado.

2. ¿Dan esperanza mis palabras, o simplemente hieren?

Los ministros de Dios son mensajeros de esperanza. La Biblia es un libro de finales felices. "Pero ahora Dios, a fin de presentarlos santos, intachables e irreprochables delante de él, los ha reconciliado en el cuerpo mortal de Cristo mediante su muerte, con tal de que se mantengan firmes en la fe, bien cimentados y estables, sin abandonar la esperanza que ofrece el evangelio" (Col 1.22, 23).

¿Bomba o buqué de flores? Dependerá de las palabras que usted utilice. El poder de una palabra a su debido tiempo puede ser como una cuerda para uno que se esté ahogando. Usted tiene la cuerda en su mano. En definitiva, las palabras deben para salvar, no para destruir.

3. ¿Beneficiará este mensaje tanto a quien lo da como a quien lo recibe?

Cuando Bernabé se convenció de quien era ahora Saulo, éste estuvo listo para predicar en vez de perseguir. Otros se habían expresado amargamente del futuro gigante del Nuevo Testamento, pero Bernabé habló de él bondadosamente, utilizando el principio de Proverbios 25.11: "Manzana de oro con figuras de plata es la palabra dicha como conviene." Las palabras ofrecidas por Bernabé fueron las palabras que fortalecieron a Saulo en la fe, y a la larga en el servicio.

Cada conversación que tenga usted con un miembro de su equipo o con un feligrés puede dejar a esa persona en mejor condición espiritual o emocional que antes. Dé una manzana; dé un poco de esperanza.

4. ¿Reflejan estas palabras la actitud de Jesucristo?

"Que la hermosura de Jesús sea vista en mí," dice la canción. Usted podría cambiar la letra ligeramente: "Que la hermosura de Jesús sea oída a través de mí." La mayoría de los miembros de su congregación no ha oído una palabra de aliento en días o semanas. Sea usted el primero en dárselas. Usted es el dador de palabras que dan vida, que dan amor. Un corazón consagrado a Dios tiene cuidado con las palabras que dice.

La prueba más grande de sinceridad es la capacidad de ser fiel a la palabra. La gente es motivada por los líderes que dicen lo que sienten, y sienten lo que dicen. Después que se hace una promesa, hay que cumplirla, porque otros estarán siempre atentos a esa resultado.

Por supuesto, eso no siempre es posible. A veces, las circunstancias cierran el paso a las acciones prometidas, como los conos anaranjados al tránsito en una obra de construcción; hay veces que no se puede cumplir una promesa que fue hecha con buenas intenciones. Pero estas excepciones debieran ser raras. Para tener éxito como líder espiritual, usted debe cumplir sus promesas.

Así como las palabras bien utilizadas pueden darle a usted poder, la comunicación poco clara puede debilitar su fuerza. Las respuestas bruscas, las afirmaciones exageradas y las seguridades sin entusiasmo, al final socavarán su credibilidad. Los líderes sabios son prudentes y cuidadosos en su uso de las palabras, porque entienden el poder que ellas tienen, tanto para herir como para sanar.

La comunicación honesta, las palabras prudentes y las promesas cumplidas son las características distintivas de un gran líder. Utilice bien las palabras, y ellas potenciarán su liderazgo para obtener resultados duraderos.

38

QUÉ HACER CUANDO UN MIEMBRO SE MARCHA

Seamos realistas. No todas las personas de su iglesia apreciarán sus sermones, su forma de adoración, sus capacidades organizativas, ¡o a sus hijos! A su iglesia vendrán personas, y de su iglesia se marcharán personas. Algunas se harán miembros, y algunas de ellas, por circunstancias que muchas veces están más allá del control de usted, retirarán su membresía. Una de las tendencias del cristianismo contemporáneo es la puerta giratoria de la membresía. Con la llegada de la época de la mega-iglesia, se ha vuelto común la mentalidad de andar con remilgos al escoger.

Las iglesias de hoy son a menudo como las mega-tiendas. Si el precio, el producto o el servicio no responde a las expectativas de los clientes, van a otra tienda. Toda iglesia, cualquiera que sea su tamaño, tiene su lugar. Cada una tiene una clase de ministerio que será de interés para algunos, pero no para todos. Como alguien que ha estado en la "puerta giratoria" para dar la bienvenida a los que han llegado, y para despedir a quienes se han marchado, he aprendido algunas lecciones en cuanto a qué hacer si un miembro se marcha.

1. No entre en pánico

Si uno o más de sus miembros hacen las maletas y se marchan, no espere que el techo se caiga. No serán los primeros en dejar una iglesia, y tampoco serán los últimos. La historia de la iglesia cristiana es una historia de agruparse y desagruparse. Hasta los apóstoles tuvieron desacuerdos que llevaron a divisiones. (¿Recuerda el caso de Pablo, Bernabé y Juan Marcos?)

Una membresía puede llegar a su fin, pero con su ministerio no tiene que pasar lo mismo. Usted va a seguir. Su iglesia va a seguir; y las lecciones aprendidas pueden dar como resultado crecimiento. En caso de que no lo haya notado, los miembros de la iglesia y quienes van a ella son humanos. Y los humanos normalmente son guiados por las emociones. Los sentimientos heridos producen, a menudo, personas resentidas. Y los resentidos, por lo general, pelean por problemas y huyen, en vez de quedarse y resolverlos.

2. No lo tome personalmente

La primera reacción de un pastor cuando un miembro se marcha es normalmente echarse a sí mismo toda la culpa. Tal vez si contribuyó a que el barco dejara el muelle, pero eso no significa que usted sea un fracaso. Usted ha sido llamado por Dios. Su elección fue sellada con oración y autorizada por el Espíritu Santo. Por ahora, usted está donde Dios quiere que esté.

En caso de que lo haya olvidado, Jesús fue el pastor más grande que ha pisado la faz de la Tierra, pero incluso Él perdió miembros de su congregación. ¡Uno de los miembros de confianza de su junta se desilusionó tanto que vendió al galileo por treinta monedas!

"A personas diferentes les gustan cosas diferentes" no es exactamente un concepto bíblico, pero usted sabe en el fondo que eso es cierto. Usted simplemente no puede dar todo lo que todos quieran. Si está haciendo lo mejor que puede, esto es todo lo que puede hacer.

3. Háblele a Dios de eso

Usted está sirviendo en la iglesia de Dios. Está ministrando al pueblo de Dios (¡por lo general!). Está usando los dones que Dios le ha dado. Es lógico pensar que Él conoce la situación mejor que usted. Ve lo que hay detrás de las heridas, las críticas y los malentendidos. Conoce las razones verdaderas por las que las personas se marchan de una iglesia para irse a otra; hable con Él de esto.

Pase tiempo a solas con Dios, y permita que su Espíritu Santo hable palabras de sabiduría a su corazón y su mente. Deje que el Señor le fortaleza por medio de su Palabra. Estese quieto y deje que Él le hable. Descubrirá una sanidad interior que nunca creyó posible.

4. Aprenda de su pérdida

Recuerde que un líder es siempre uno que aprende. Aprenda de esa situación. Puede haber razones válidas por las que un miembro se marcha, razones que pueden ser piezas clave para tener un ministerio aun más efectivo.

Algunos pueden marcharse debido a un punto débil en el ministerio de la iglesia que a veces no puede evitarse. Por ejemplo, si usted no tiene el personal, el programa o aun los niños para mantener un ministerio infantil, tendrá que sobrellevar la situación hasta que tenga niños o personas que se ocupen de ellos. Por otro lado, esa debilidad puede dar como resultado que se cree una clase para líderes, con trabajadores reclutados y capacitados, para que ellos, a su vez, recluten y capaciten a más trabajadores. Su ministerio de niños puede ser solamente una clase para líderes, aunque no tenga todavía un ministerio viable con ellos.

5. Mantenga abiertas las líneas de comunicación

A menudo, las personas se marchan de una iglesia debido a un conflicto. Pero a veces lo hacen por su ubicación o porque la iglesia carece de un programa necesario. Mantenga abiertas las líneas de comunicación. Mantenga a los ex-miembros en la lista de correo, en la lista de oración, y en la lista de cumpleaños y aniversarios. Felicite a los miembros de sus familias por sus logros. Hable acerca de sus cualidades; lo que usted diga llegará a ellos.

No los dé por perdidos. Su iglesia puede ser el lugar donde fueron salvados o bautizados. O pueden conservar recuerdos gratos de las personas y el edificio. Por consiguiente, su iglesia puede ser a la que ellos acudan en tiempos de crisis.

6. Modele una conducta semejante a la de Cristo

Hay otras personas que pueden marcharse por causa del compañerismo roto. Pueden ser saca-faltas del pastor o de otros líderes de la iglesia. No se defienda. Ámelas como las amaría Cristo. Manténgalas en su lista de oración. Busque oportunidades de mostrarles una reacción a la manera de Cristo. Jesús amó a quienes no lo amaban, hasta el punto de morir por ellos. Él espera que la iglesia refleje las características de la santidad. La santidad es un reflejo del carácter de Cristo, que incluye perdón y restauración. (Vea Romanos 12.18.)

7. Apague las llamas de la crítica

Santiago escribió: "La lengua es un fuego, un mundo de maldad. La lengua está puesta entre nuestros miembros, y contamina todo el cuerpo, e inflama la rueda de la creación, y ella misma es inflamada por el infierno." ¿Tenemos que mirar más allá para descubrir la fuente de la crítica? Satanás encendió el fuego, pero usted no tiene que mantener las brasas ardiendo. Haga todo lo posible por apagar el fuego.

El consejo sigue vigente: "Haz lo más que puedas, y deja a Dios lo demás."

39

Cómo reclutar voluntarios excelentes

Cuando usted los encuentra, es como encontrar oro. Son las personas de su iglesia que están esperando para ser una bendición para los demás, y para bendecirle a usted al mismo tiempo. Son buscados por casi toda organización que se ocupa de brindar atención a las personas. Pero ellos son suyos. Dios se los envió, aunque ellos no se dieron cuenta de eso.

Una vez que usted descubre que no puedo hacerlo todo sin ayuda, los voluntarios son las personas que están esperando su oportunidad de servir. La tarea de usted es darles la señal. Permítales compartir el escenario con usted, y el desempeño suyo será mejor. Manténgalos entre bastidores, y el telón puede caer, por haber terminado la obra, más rápido de lo que usted imaginó alguna vez.

Utilice a voluntarios y podrá duplicar o triplicar su efectividad. Inspirelos a buscar la excelencia, a alcanzar lo mejor de Dios en cada esfuerzo que hagan, y el efecto dominó durará por toda la eternidad. Pero hay mucho mas que simplemente utilizarlos. Ellos deben ser alimentados y cuidados. Pero el cuidado y la alimentación de los voluntarios significa más que proporcionarles refrigerios en el día de trabajo. He aquí lo que usted puede hacer para que los voluntarios saquen a relucir lo mejor que hay en ellos.

1. Aprécielos

Las personas quieren saber que son valiosos para la iglesia. Quieren saber que sus esfuerzos son importantes para Cristo y el Reino de Dios. ¿Cómo hacerles saber que son apreciados?

De siempre más importancia a las personas que a las tareas. Eso fue lo que hizo Jesús. Los voluntarios le están dando a usted un tiempo valioso. Reconozca eso. Al igual que todo ser humano, quieren ser apreciados por lo que son tanto por lo que hacen.

Déjeles saber que son necesitados. Las áreas verdes que rodean a la iglesia se verían deplorables sin el esfuerzo de ellos. Las familias no escogerían venir a su iglesia sin la ayuda de voluntarios en la guardería infantil. Los voluntarios necesitan saber que el ministerio sufriría sin su ayuda.

Permítales saber que usted es su amigo. Déjeles saber que está disponible para escuchar sus preguntas o sus quejas. Usted puede ser su única fuente de estímulo, y esa es parte de la razón por la que son voluntarios.

Destaque que están haciendo un trabajo para Dios. Ya ellos saben lo poco que será el "pago", pero déjeles saber lo grande que será su recompensa.

Cuando usted ama y demuestra aprecio a las personas que están a su alrededor, ellas se sentirán atraídas por su liderazgo. Harán lo mejor porque saben que ellos tienen importancia para usted.

2. Desafíelos

Nadie quiere aceptar una tarea que le parece aburrida, o peor aun, sin valor. Presente un desafío inspirador y los resultados serán diferentes. Cuando usted muestra a las personas que algo vale la pena, eso nunca les parecerá demasiado difícil. Cuando vean la importancia de lo que están haciendo, estarán a la altura del reto. Déjeles ver, en todo tiempo, la perspectiva total: muéstreles que lo que están haciendo tiene importancia para la eternidad.

Los voluntarios deben estar convencidos de que están colaborando con usted en una cruzada para ganar almas. El grupo de oración es un ingrediente importante en ese convencimiento. Cuando usted ore con su equipo de voluntarios, asegúrese de traducir el trabajo de ellos a un trabajo dentro de la Gran Comisión. Déjeles saber que el resultado final es merecedor del esfuerzo que hacen ahora.

3. Diríjalos

Muchos voluntarios se desaniman porque se les deja que hagan un trabajo sin darles directrices. Cuando usted pida la ayuda de otros en una tarea, deles siempre dirección. Descríbales la tarea y el objetivo general que se quiere alcanzar. Preséntele una visión del propósito, haciéndoles una descripción gráfica de cómo se verá el resultado. Defina los objetivos, e indique claramente las etapas importantes que deben alcanzarse. Por último, hágales saber que usted está disponible para cualquier consulta o asesoramiento.

Hay un punto que a menudo está ausente cuando se dirige a voluntarios: la descripción del trabajo. El ministerio será de mucho más valor cuando se lo pone por escrito. La responsabilidad del voluntario no solamente le es puesta en claro, sino que también le da orientación al pastor para dirigir los esfuerzos de ellos.

4. Ore por ellos

Una cosa es hablar a los voluntarios acerca de su ministerio; otra es hablar a Dios en cuanto a ese ministerio. Deje saber a sus voluntarios que están en su lista de oración. El poder de Dios puede actuar a través de ellos de maneras milagrosas. Esa persona callada a que le falta confianza en sí misma puede convertirse en un dínamo espiritual. Pero Dios provee la dinámica. ¿Por qué no tomar un tiempo durante la preparación de su sermón para orar por el trabajo de su equipo de voluntarios? ¿Y por qué no dejar que su equipo sepa que usted oró por ellos durante la preparación del sermón? ¡En la mente de los voluntarios, la importancia del trabajo que ellos hacen la entenderán en otro nivel!

5. Protéjalos

Pastor, el bienestar espiritual de sus voluntarios está en sus manos. Manténgalos alejados del peligro. Proteja las relaciones de sus familias dándoles algún tiempo libre. Haga su parte para que se mantengan fiel a sus cónyuges, no poniéndolos en situaciones vulnerables. Evite que los voluntarios trabajen solos con personas del sexo opuesto. Asegúrese de que el trabajo que hagan esté a la vista de todos. Después de algunas horas, hay trabajos que, a veces, dan pie a relaciones impropias. La planificación del horario que usted haga, y su personal, pueden ayudarle a proteger sus voluntarios de circunstancias que los tienten.

6. Recompénselos

Nada motiva tanto a las personas como el aplauso. Como líder, a usted le toca iniciar la ovación. Cuando las personas tengan un logro, llame la atención a ello. Hágales saber que usted se percató, y deje que otros lo sepan también. Escríbales tarjetas de estímulo y agradecimiento. Envíe mensajes estimulantes de correo electrónico a sus voluntarios. Sea rápido para dar una palabra de elogio y una palmadita en la espalda. Recompense los resultados. Usted recibirá más de ellos.

Sus voluntarios son como el oro. Púlalos y protéjalos, y sus logros seguirán repitiéndose.

PARTE 4

El liderazgo

Comienza a arder de entusiasmo,
y la gente vendrá desde lejos para verte arder.
– CHARLES WESLEY

Palabra fiel: Si alguno desea obispado, buena obra desea.
– 1 TIMOTEO 3.1

40

El prerrequisito para el liderazgo en la iglesia

Un profesor de historia, al comentar sobre el descubrimiento de América por Cristóbal Colón, decía que el viaje tuvo tres aspectos importantes. Primero, antes de partir, Colón no tenía ni idea en cuanto a dónde se dirigía. Segundo, cuando llegó no tenía ni idea de dónde estaba. Y tercero, cuando se preparaba para salir, no tenía ni idea de cómo volvería a casa.

Desde el fondo de la sala un estudiante exclamó: "¡Y cuarto, no tenía ni idea de cómo iba a pagar ese préstamo del gobierno!"

Afortunadamente, cuando se trata del liderazgo podemos estar más informados. Tenemos el mayor ejemplo de liderazgo en la historia del mundo: Jesucristo. El *logos* divino es nuestra "última palabra" en este tema.

El Nuevo Testamento es un manual de supervivencia para las personas que se encuentran en las trincheras del liderazgo. Uno de los líderes más influyentes del Nuevo Testamento fue Juan el Bautista. Multitudes de personas se empujaban unas a otras para oír las palabras de este mensajero del Mesías que no tenía pelos en la lengua y que vestía con ropas hechas de pelo de camello.

Pero ¿cuál era el origen de la influencia de Juan?

Según Juan 1.23, cuando los líderes religiosos le pidieron a Juan que mostrara sus credenciales, él respondió con las palabras del profeta Isaías: "Yo soy la voz de uno que clama en el desierto; Enderezad el camino del Señor."

Juan el Bautista sabía quién era él. Sus puntos fuertes en cuanto al liderazgo no los obtuvo de libros o seminarios, ni de conferencias o convenciones. Tan importantes como pueden ser las herramientas afiladas, la autoridad de Juan provenía del poder que emanaba de su relación con Jesucristo, el Mesías. Y el mensaje de Juan a las masas era siempre el mismo: "Es necesario que él crezca, pero que yo mengüe" (Jn 3.30).

¿Qué nos diría Juan el Bautista si estuviera realizando un seminario sobre el liderazgo cristiano?

1. La relación con Cristo

Su poder para el liderazgo está en su relación con Jesucristo. Juan el Bautista vivía el mensaje de Cristo: "Yo soy la vid, vosotros los pámpanos; el que permanece en mí, y yo en él, éste lleva mucho fruto; porque separados de mí nada podéis hacer" (Jn 15.5). Esa era la clave del ministerio de Juan, y debe ser la nuestra. Nuestro poder para el liderazgo no es autopropulsado; viene de nuestra relación con el Salvador resucitado.

Es una relación que se mantiene mediante la entrega de nuestras ambiciones a Él, y de recibir su visión y su fuerza. "Yo soy la vid verdadera, y mi Padre es el labrador. Todo pámpano que en mí no lleva fruto, lo quitará; y todo aquel que lleva fruto, lo limpiará, para que lleve más fruto."

Un líder cristiano nunca llevará a las personas a seguir a Cristo, si no hace primero su propio viaje a la cruz. Sin la energía del flujo del Calvario, los líderes humanos carecen de poder. No hay ningún atajo. La fe personal en Jesucristo y el poder que da su Espíritu, constituyen el gran prerrequisito para el liderazgo cristiano.

2. Concentrado en la misión

El propósito suyo en cuanto al liderazgo está en su comprensión de la misión de Cristo. Él no vino a la Tierra para establecer una dinastía corporativa. Juan 10.10 dice: "El ladrón no viene sino para hurtar y matar y destruir; yo he venido para que tengan vida, y para que la tengan en abundancia." Todo lo que Jesús hizo durante sus tres años de ministerio fue mejorar la vida de quienes le rodeaban. Por supuesto, lo más grande que daba era la salvación. Pero también enseñó a sus seguidores cómo lograr sus mejores metas. Los ayudó a convertir sus debilidades en fortalezas. Por ejemplo, alentó a pescadores a pensar en un nivel más alto, y se convirtieron en pescadores de hombres. Alentó a pastores a convertirse en líderes. Y a jóvenes cristianos a convertirse en ejemplos vivientes.

El propósito suyo como líder cristiano es modelar el propósito de Cristo para llevar a la excelencia cristiana a los hermanos creyentes. Aquellos a quienes ustedes lidera deben ser mejores gracias a la interacción que tienen con usted.

3. Basado en la Palabra de Dios

Sus planes para el liderazgo están en su comprensión de la Palabra de Dios. El Evangelio de Juan apunta: "Respondió Jesús y le dijo: El que me ama, mi palabra guardará; y mi Padre le amará, y vendremos a él, y haremos morada con él. El que no me ama, no guarda mis palabras; y la palabra que habéis oído no es mía, sino del Padre que me envió" (Juan 14.23, 24).

Usted no tendrá que buscar mucho para encontrar un modelo que le permita guiar a otros. Jesús ya ha hablado sobre las cualidades del liderazgo.

En primer lugar, se concentró en compartir los planes de liderazgo con unos pocos elegidos. Sus discípulos se convirtieron en estudiantes de su liderazgo, y Él les enseñó gustosamente cómo hacerlo.

En segundo lugar, extendió su influencia por medio de la vida de otros. No solo enseñó a los Doce, sino que también les encargó el ministerio.

En tercer lugar, reconoció la importancia del descanso y la restauración de las fuerzas. Sabía que las pesadas demandas del liderazgo exigiría un aislamiento de ellas.

En cuarto lugar, estableció un plan de acción para el logro de sus objetivos. Delegó el trabajo. Formó equipos. Anunció los objetivos para el ministerio en Jerusalén, Judea y Samaria. Dio provisión por medio de su Palabra, su presencia y su poder. Dio aliento al prometer una influencia aun mayor que la suya. Y para que sus victorias sean celebradas, les dijo que los ángeles se regocijarían por sus logros.

El liderazgo según Dios siempre toma el camino real. No hay atajos en el ministerio efectivo. Pero la llegada vale la pena cada milla del viaje.

41

Cinco características de un gran líder

Los grandes líderes saben que su éxito no depende del fracaso de otra persona. Hay más que suficiente éxito para todos. Los líderes más efectivos no tienen temor de ayudar a los demás a lograr sus metas; creen en el poder de la situación en la que el resultado beneficia a todos.

El autor y orador motivacional Zig Ziglar escribió que uno puede conseguir lo que quiere si ayuda a los demás a lograr lo que ellos quieren. Para hacer eso, hay que tener una actitud de apertura. Y eso puede requerir un cambio de actitud.

En vez de ocuparse solamente de sus propios intereses, los grandes líderes aprender a hacer preguntas como éstas: "¿Qué puedo hacer por ti?" "¿Qué podemos hacer juntos?" "¿Cómo puede esto beneficiarnos a los dos?" Aprenda a preguntarse: "¿Cómo puedo ayudar a otros a tener éxito?" y usted tendrá éxito, también.

El líder que siempre esté buscando méritos se quedará pronto solo. Ningún equipo seguirá a un líder verdaderamente egoísta. El equipo puede tener un buen régimen de trabajo y funcionar bien, pero a menos que sus miembros respeten su líder, este equipo no se destacará.

Los mejores líderes exhiben esa rara virtud llamada humildad. Descubren valor real en términos de su capacidad de generar excelencia en el equipo, no el reconocimiento personal. Cinco cosas caracterizan a un gran líder.

1. A los grandes líderes no les importa quién reciba el crédito, siempre cuando el trabajo se haga

Las acciones tienen prioridad sobre los elogios. Las metas son más importantes que el oro. Los elogios son menos importante que la conducta correcta. Los grandes líderes no llaman la atención sobre sí mismos; expresan reconocimiento por las contribuciones de los demás. Los grandes líderes muestran agradecimiento por el equipo. Dan crédito a quien merece crédito, al equipo que produjo el éxito.

Todos sabemos lo que se siente al ver a alguien recibir el crédito por lo que nos costó a nosotros sudor y lágrimas. La sensación es un vacío que es posible que nunca sea llenado otra vez; podemos decir suspirando: "¿De qué sirve?" cuando nos sea asignada otra tarea.

2. Los grandes líderes están dispuestos a poner la misión primero que sus planes personales

Los grandes líderes han descubierto la mayor alegría de dar su vida por algo que valga la pena. El propósito, la misión y los objetivos de la organización son superiores, mientras que la personalidad y los logros personales del líder son secundarios. Saben que lo que han hecho como individuos es mucho menos importante que lo que pueden lograr con y a través de otros.

Por supuesto, esa característica está conectada con el conocimiento que tiene el líder del propósito, la misión y los objetivos de la organización. Cuando el líder sabe plenamente hacia dónde está yendo, será más fácil dar dirección a los demás. E iluminar el camino a los demás es mucho más importante que regodearse siendo el centro de la atención.

3. Los grandes líderes son rápidos para perdonar

Las personas pequeñas guardan rencor; las personas grandes perdonan y olvidan. Las personas pequeñas alimentan insultos y buscan la venganza; para las personas grandes, lo pasado, pasado. Todos los grandes líderes son personas grandes. Se ganan el respeto, pero nunca lo exigen. Evitan las disputas mezquinas y desarrollan una piel de elefante.

Jesús modeló el liderazgo más grande. Ya sea al dirigir la palabra a la ciudad que lo rechazó, a la mujer sorprendida en adulterio, o al ladrón en la ruz, que finalmente le aceptó, el corazón del Gran Líder era un corazón de ompasión y misericordia. ¿Puede el líder cristiano hacer menos que seguir l ejemplo de Cristo? ¡Por supuesto que no!

. Los grandes líderes son estimulados por los logros de otros

odos los buenos líderes entienden que ellos mismos no pueden lograr jamás odos sus sueños; otros deben ayudar en llevar a cabo su misión. Por tanto, nvierten en otros, los alientan, los capacitan, y los preparan para que tengan xito. Los mejores líderes se dan cuenta de que hay abundancia de éxitos para odos, por lo que ayudan a las personas a su alrededor a apuntar muy alto.

Los grandes líderes se deleitan cuando los miembros de su equipo han lcanzado las metas establecidas. Son rápidos para dar reconocimiento, liento y felicitaciones.

. Los grandes líderes dan liberalmente a quienes más lo nerecen

llos saben que están altamente calificados, pero entienden que su éxito epende de la contribución de los demás. Saben que no hay "gente nsignificante" en la organización; la contribución de cada persona es nportante. Los buenos líderes saben cómo decir "bien hecho," y lo dicen menudo. No dan por hecho que un miembro de su equipo sabe que su rabajo es apreciado. Se aseguran de que ese trabajo sea reconocido, ya sea erbalmente o por escrito.

Todas las personas tienden a seguir adelante cuando se les da una palmadita n la espalda. El aprecio es uno de los grandes motivadores, a menudo más ue los ascensos o los aumentos de sueldo.

Disfrutar un gran éxito no depende de tener un gran ego. De hecho, contrario es casi siempre cierto. Aquellos que tienen un concepto muy levado de sí mismos, suelen ser poco respetados por los demás. Pero los que nuestran respeto a los demás, en vez de tomar para sí el reconocimiento, son s más respetados, un respeto que se gana, no que se exige.

Líder, ¿cuál es su puntaje o calificación de "crédito"?

¿Quiere usted avanzar en el logro de sus metas? Aprenda a poner a otros rimero.

42

Cómo lanzar una visión inspirada por fe

Si usted no puede ver el futuro, nunca llegará allí. La planificación de la visión es una habilidad esencial para todo líder. Pero hay algo aun más importante. Hay una característica del liderazgo aun más vital que ver el futuro... es creerlo. A los líderes que les falta fe, les faltará también la fuerza para convertir su visión en una realidad. La fe es un ingrediente esencial para un liderazgo exitoso en cualquier organización.

La Biblia dice: "Pero sin fe es imposible agradar a Dios; porque es necesario que el que se acerca a Dios crea que le hay, y que es galardonador de los que le buscan" (He 11.6). Como líderes cristianos, creemos en Dios y en el poder de sus promesas. Sabemos que Él ayuda y está presente, y que hará por nosotros lo que ha dicho que hará. Lideramos por fe.

Siempre he admirado a la persona que está dispuesta, como una nadadora, a ser la primera de un grupo en sumergirse en el agua. La temperatura del ambiente puede ser de 15ºC, y la del agua varios grados más fría, pero hay siempre alguien dispuesto a ser el primero en zambullirse.

La mejor parte es la valiente afirmación del nadador que hace mientras le castañetean los dientes: "¡Vengan… el agua está m-m-magnífica!" Fe es la disposición de ser el primero en zambullirse. Las personas de fe son siempre las primeras en adoptar el plan de Dios. Uno de los mejores ejemplos de fe es Noé, ese intrépido marinero que estuvo dispuesto a construir un barco cuando no había ni una gota de agua a la vista. Su historia da un lección de fe a todo líder.

1. La fe cree sin pruebas

Noé construyó un barco sin jamás haber visto llover. Eso es cierto en cuanto a la mayoría de las cosas que hacemos y que requieren fe, tenemos que creer más allá de lo que podemos ver por nosotros mismos Comenzamos con nuestro artículo de fe más básico: la fe en Dios. No necesitamos ver a Dios para saber que Él es real. Pedro nos recuerda: "Ustedes lo aman a pesar de no haberlo visto; y aunque no lo ven ahora, creen en él y se alegran con un gozo indescriptible y glorioso" (1 P 1.8).

Fe es *creer sin pruebas*, ya se trate de fe en las promesas de Dios para nosotros, fe en su plan eterno para el mundo, o fe en su plan particular para nuestra vida. Confiamos en Dios, aunque no podamos ver todos los detalles. Ponemos nuestra mano en la mano invisible de Él y seguimos adelante, incluso ante la adversidad.

2. La fe enfrenta todo sola

Una segunda lección de la peregrinación de Noé es que la fe enfrenta todo sola. Él y su familia eran los únicos creyentes en su comunidad, ¡en realidad, en el mundo! Sin embargo, ese varón de Dios no se dejaría intimidar. Se mantuvo fiel al plan, aun sin tener la ayuda de nadie. Las personas de fe no necesitan ser miembros de un club selecto; están dispuestos a aferrarse a las promesas de Dios, incluso cuando eso significa ser diferentes a los demás. Para hacer frente a la multitud y dar la cara por Jesús se requiere una convicción firme de la verdad de la Palabra de Dios. Y la experiencia de Noé aclara otro punto en el que vale la pena reflexionar: la multitud muchas veces está equivocada.

La clásica expresión "uno se siente muy solo en la cumbre" es cierta para todo líder cristiano. Hay momentos en que el líder tendrá que enfrentarlo todo solo. Tendrá que luchar contra la corriente de opinión por las tradiciones. Por lo general, el líder y el seguidor discrepan en cuanto a sus principios, en principios suficientemente importantes como para vivir o morir por ellos. Pero el líder está dispuesto a marchar valientemente a la arena; está dispuesto a adoptar una postura firme, incluso si eso significa resultar perdedor en los concursos de popularidad.

3. La fe actúa

Santiago escribió: "La fe por sí sola, si no tiene obras, está muerta" (Stg 2.17 NVI). Podría haber estado escribiendo acerca de Noé. Ese varón de Dios no solo creía que iba a llover, sino que también hizo algo al respecto construyó un barco. Estuvo dispuesto a construir un monumento a su fe en la Palabra de Dios. Estuvo dispuesto a obedecer el plan de acción de Dios Estuvo dispuesto a vivir conforme a su manual de instrucciones, incluso si eso significaba hacer un crucero sin una reserva en la cabina de lujo.

¿A qué acción le está llamando Dios? ¿Se lanzará por fe, y lo hará?

4. La fe ve resultados

Ser una persona de fe significa estar dispuesto a confiar en Dio independientemente del resultado. Noé lo estaba. Sin embargo, las promesa de Dios son verdaderas, y los que dependen de Él nunca quedan frustrados Dios le prometió a Noé que iba a llover, ¡y de verdad que lo hizo! Por habe actuado por fe, Noé y su familia de salvaron del diluvio. Creyeron que ocurriría, y vieron que sucedió.

Si usted se lanza por fe y obedece a Dios, también verá resultados. Le aseguro que no serán tan dramáticos como el diluvio de Noé, porque Dio prometió que no habrá una repetición de ese acontecimiento. Pero si usted apuesta su fe en las promesas de Dios y actúa como corresponde, los resultado no serán menos significativos en su vida y en su ministerio. Créalo, y lo verá

¡Por lo tanto, cuando ore por lluvia, lleve un impermeable!

43

Cómo formar un equipo ganador

La habilidad para formar equipos es vital para cualquier pastor. Atrás han quedado los días en que el pastor podía ser un líder autocrático. La junta directiva de la iglesia y los miembros de la congregación, que están acostumbrados a dar su opinión, exigen ser incluidos en la toma de decisiones. Formar un equipo sólido es esencial.

Y es inteligente. Usted logrará más en el ministerio si aprende a aprovechar los recursos de los demás. Los miembros de su equipo no son una amenaza para su liderazgo; ¡son esenciales para su éxito! Se ha dicho que una persona firma autógrafos, avala productos, y concede entrevistas, pero son los equipos los que ganan campeonatos. Usted hará más, se granjeará más buena voluntad y vivirá con menos estrés si tiene un equipo fuerte a su lado.

¿Qué tan fuerte es su equipo? ¿Es un equipo verdadero o simplemente un grupo de personas? ¿Está enfocado su equipo? ¿Están los miembros del equipo bien preparados y altamente motivados? Usted puede formar un equipo ganador. El Reino necesita buenos equipos y líderes fuertes.

La próxima vez que usted vea a unos gansos volando en dirección al sur, piense en la razón por la que siempre vuelan en formación. Los científicos piensan que la formación en V añade al menos 71% al alcance de vuelo de la bandada. Al trabajar juntos, los gansos pueden viajar a una distancia que es casi el doble de lo que pudiera hacer uno de ellos solo.

¡Eso es trabajo en equipo!

Invertir en un equipo paga dividendos a largo plazo. Su éxito verdadero en el ministerio no está condicionado por su capacidad de ampliar el templo ni por su destreza en formular programas. Su éxito descansará en su capacidad y en su deseo de invertir en otros para formar un equipo ganador. He aquí seis aptitudes esenciales para desarrollar su equipo ideal en el ministerio.

1. Aprenda el arte de la delegación

La delegación es un arte. La mayoría de los pastores tienen temor de delegar, y por tanto, no salen de la rutina en el ministerio. Delegar implica fijar expectativas, dar dirección, permitir la creatividad, discutir fechas tope, verificar resultados y premiar el buen desempeño. No se sienta amenazado por la accesibilidad o la capacidad de otros. Consiga su ayuda para formar su equipo.

2. Reconozca a los demás

¿Quiénes son las personas más importantes en su ministerio? Las mayoría de las veces aplaudimos a quienes desempeñan un ministerio público, como el liderazgo, la música o la enseñanza. ¿Qué tal si se le da un aplauso a los guerreros de oración de su iglesia, o quienes invitan a asistir a sus amigos y vecinos? Todo equipo necesita personas con una diversidad de habilidades. Si usted honra solamente a quienes hacen un gol, y no a los que intentan hacer un gol, su equipo perderá el impulso.

Usted fortalece a quienes aplaude. Anime a su equipo.

3. Dé el apoyo adecuado

Cuando las personas son capacitadas y encargadas de hacer una tarea, pero no se les da apoyo adecuado, por lo general no realizan su cometido. ¿Cuál es el problema? Tal vez no se ofrecerán de nuevo como voluntarias. Pero si una persona es capacitada, motivada y dotada de los recursos para tener éxito, se sentirá parte del equipo. Cuando usted delegue, pregunte: "¿Tienes todo lo que necesitas?" Para su organización, la respuesta que dé significará la diferencia entre avanzar o detenerse.

Si la respuesta es positiva, usted ha ganado a un colaborador a largo plazo. Pero si la respuesta es negativa, es tiempo para reorganizarse. ¿Ha sido adecuada la capacitación? ¿Está clara la descripción del trabajo? ¿Están disponibles los ayudantes voluntarios? ¿Tiene el miembro del equipo las habilidades adecuadas? ¿Hay un lugar mejor para utilizar las capacidades del miembro del equipo?

4. Motive a los compañeros de equipo

Las personas son motivadas por muchas cosas: dinero, el sentimiento de culpa y el reconocimiento, para nombrar algunas. Pero la mejor motivación es la eterna. Dirija siempre la atención de su equipo al valor eterno de lo que estén haciendo. No están simplemente acomodando sillas; están sirviendo a la Iglesia de Cristo. No están simplemente enseñando en la escuela dominical; están moldeando vidas. Lo que hacen, durará para siempre. Recuerdo eso a sus compañeros de equipo.

Déjeles saber también que Dios lleva un registro. Como dijo un gran predicador, llegará el "día de la recompensa".

5. Evalúe los resultados

Si a usted no le importa que su equipo gane, entonces no hay necesidad de llevar la cuenta de los tantos. Pero si usted está interesado en el éxito, tendrá que evaluar el desempeño del equipo. Eso lo ayudará a mejorar. ¿Se alcanzó la meta? ¿Qué pudo haberse hecho mejor? ¿Cómo podemos evitar cometer el mismo error la próxima vez? ¿Qué puedo hacer para mejorar los resultados? Hágase estas preguntas con regularidad, y formará un equipo ganador.

Los tiempos de evaluación del equipo deben ser tiempos de reforzamiento positivo, no para avergonzar. La actitud del líder y la atmósfera de la evaluación hacen útil, no doloroso, el proceso de evaluación.

6. Recompense el desempeño

Cuando su equipo obtenga una victoria, ¡celébrelo! Señale la contribución de cada miembro. Deje saber a todos lo importantes que son para el conjunto. Nunca deje que un gran logro pase desapercibido. Encuentre una ocasión para alentar. Celebrar los triunfos dará energías a su equipo para más victorias. Los grandes equipos no son resultado de la casualidad. Son formados por los grandes líderes. Derrame sus energías en otros, y ellos derramarán las suyas en la misión.

44

CÓMO DIRIGIR LA ATENCIÓN

Tengo una visión," anunció un líder con confianza. Luego frunció el ceño. "¿O se trata de una misión? ¿O de una meta? ¡Qué me importa! Dios sabe lo que quiero decir."

¡Pero es posible que Él sea el único que lo sepa! Quienes siguen a un líder tendrán dificultades para saber a dónde van si él no expresa la visión claramente. Todos tienen más confianza en un líder que está seguro de su destino y de cómo llegar allí, que del líder que toca por oído.

Las personas simplemente no son propensas a invertir su tiempo, talento o dinero en una organización, y en su líder, que no tenga una misión o un propósito. Hay muchos que están buscando las habilidades o cualidades de carácter de esas personas. Para conseguir miembros de calidad para su equipo, la organización y su líder deben tener un foco, una visión de lo que la organización quiere lograr.

He aquí los cinco conceptos básicos en cuanto al lanzamiento de una visión. Domínelos, y la gente le seguirá.

1. Misión

La *misión* es la meta general, y ésta nunca cambia. Es la declaración de todo el panorama que responde a la pregunta: "¿Por qué estamos aquí?" De hecho muchas declaraciones de misión comienzan con las palabras: "Existimos para…". Usted puede plantar una iglesia en cada esquina de la comunidad, pero eso no significa que las iglesias tendrán un impacto en esa comunidad. Primero necesitan una dirección, una razón definida para estar allí.

Su iglesia necesita tener una misión. Necesita entender por qué ocupa un trozo particular de terreno donde está ubicada. Necesita saber por qué contratará sus líderes, por qué se proveerá de personal o por qué nombrará sus voluntarios. De lo contrario, el foco del ministerio será como perdigones disparados desde una escopeta: potentes pero dispersos.

Jesús tuvo una misión: "Porque el Hijo del hombre vino a buscar y a salvar lo que se había perdido" (Lc 19.10). Pablo, uno de los grandes líderes del Nuevo Testamento, tuvo una misión: "No busco mis propios intereses sino los de los demás, para que sean salvos" (1 Co 10.33 NVI). Observe cómo su misión reflejaba la del Maestro. Nuestra misión debe estar siempre formulada sobre ese mismo fundamento. La iglesia es simplemente una misión que comenzó en la vida de su Líder.

Su misión incluirá el *quiénes* y el *qué* de su ministerio, como también el *dónde*. ¿En quiénes va a enfocar su ministerio, en qué población? Incluirá también el qué; ¿qué organización deberá formarse para alcanzar esa población? ¿Qué personal se necesitará? ¿Cuánto será el flujo de sus recursos materiales? Y lo más importante: ¿Qué parte tendrá Jesús en su ministerio?

2. Visión

La Biblia dice: "El corazón del hombre traza su rumbo, pero sus pasos los dirige el Señor" (Pr 16.9 NVI). Delinear el rumbo, lanzar la visión del ministerio de su iglesia es el siguiente paso importante. La visión proporciona el enfoque de lo que llegará a ser la organización, o de lo que logrará en este lugar y en este tiempo específicos. La visión debe ser *local, específica* e *inspiradora*. Por ejemplo, su iglesia podría declarar: "Nuestra visión es llegar a todos los hogares de esta comunidad con el evangelio de Jesucristo." O su visión empresarial podría afirmar: "Nos convertiremos en los mayores proveedores de servicios en el país."

Su visión es su sueño espiritual. Es la base sobre la cual tendrá impacto su ministerio.

3. Valores

Los valores son las características innegociables de una organización, su corazón y su alma. Guían a los líderes y les permiten decir la palabra clave "no". Si se propone un proyecto nuevo, debe pasar a través del tamiz de valores de la organización para determinar si se ajusta a la identidad y valores de la organización. Si se ajusta, entonces se pasará al siguiente nivel de planificación. Si no se ajusta a los valores de la organización, recibe un gran NO.

La Palabra de Dios es la "bóveda de valores" de la iglesia. Del tesoro de ella son dirigidos los planes y recursos de su propio ministerio. Líder, usted está siempre en guardia, en busca de cualquier cambio de dirección en cuanto a los valores estatuidos en las Escrituras.

4. Estrategia

La estrategia es el plan para el cumplimiento de la visión. Incorpora todas las consideraciones pertinentes de manera que proporciona el medio más eficaz de hacer el trabajo. Una estrategia eficaz incluye objetivos estratégicos además de planes a mediano y largo plazo que permitan avanzar en la visión

5. Metas

Las metas representan lo que la organización desea lograr en un período de tiempo determinado. Las metas deben ser específicas, medibles y fechadas. La meta de una iglesia puede ser, por ejemplo, ganar cien personas para Cristo en un año. Una empresa puede tener como objetivo aumentar en 5% la producción en un plazo de trece semanas. Las metas se convierten en los criterios objetivos para medir la efectividad e identificar el avance.

Conozca su misión. Vea su visión con claridad. Fije sus metas. Comuníquelas bien, y es muy probable que tenga éxito.

45

Cómo evaluar las oportunidades

El marido y la esposa vacacionistas habían pagado cientos de dólares para su escapada a un exclusivo centro turístico del Caribe. En el paquete estaba incluida una lección de buceo. Las claras y azules aguas les invitaban mientras se colocaban sus tanques de aire y las aletas de natación, y después se inclinaron hacia atrás y se lanzaron al agua.

A treinta pies bajo la superficie, la increíble belleza era un beneficio inmediato por el dinero invertido. El esposo escribió una nota a su esposa en una pizarra impermeable: "¡Esto es fantástico!"

De repente, apareció otra persona en el agua. Estaba vestido con ropa de calle, y no tenía puesto el equipo de buceo. Este nadador braceaba hasta la superficie, y después se hundía de nuevo en el mar. Los turistas miraban con asombro cómo repetía el ciclo varias veces. Finalmente, nadaron hacia él, y escribieron en la pizarra: "¿Por qué no usa un equipo de buceo?"

El hombre, cuya cara estaba tomando un color púrpura, agarró la pizarra y escribió frenéticamente: "La lancha se hundió. ¡Me estoy ahogando!"

Todo líder se ha sentido así en algún momento. Usted está rodeado de hermosas oportunidades, pero tiene esa sensación de hundimiento: demasiadas cosas que hacer, muy poco tiempo, falta de recursos suficientes, ninguna ayuda.

Mantener la cabeza por encima del agua exige que usted maximice sus energías, aprovechando al máximo sus oportunidades. Los líderes toman decenas de decisiones cada día. De hecho, antes de tomar esa primera taza de café, usted probablemente ha tomado varias decisiones. ¿Me visto de manera casual o formal? ¿Me pongo zapatos mocasines o más convencionales? ¿Me pongo un suéter o una chaqueta? ¿Me perfumo con Old Spice o Ralph Lauren? Pero las decisiones más importantes que usted toma no tienen que ver con su apariencia, sino en cuanto a su importancia. Las cosas que usted decide hacer, las que decide que son importantes, tendrán una influencia directa en su flujo de energía durante todo el día. Por tanto, es vital que usted evalúe cada oportunidad para determinar qué es lo más importante en cada situación.

He aquí cuatro preguntas que le ayudarán a evaluar la importancia de cada oportunidad.

1. ¿Honra a Dios?

¿La decisión que tomará mantendrá su propia integridad después que haya sido pasada por el filtro de su fe? Si no es una prioridad en cuanto al Reino de Dios, tiene el potencial de agotar sus energías en vez de aumentarlas. Elmer Towns dijo: "La grandeza va más allá de los logros cuantificables; comienza con el corazón del líder, no con su cabeza."

No hay mejor consejo que la advertencia de Jesús de buscar primero el reino de Dios. Enfocarse en el reino de la Tierra puede dar como resultado días con alta asistencia, hermosos templos, y exitosas campañas de captación de fondos. Pero todas esas cosas que no tienen un profundo compromiso con el Reino carecerán de todo valor en la eternidad.

2. ¿Tiene una dimensión eterna?

¿La acción propuesta solo dará lugar riqueza o reconocimiento en la Tierra, o es una inversión para la eternidad? Las acciones centradas totalmente en lo temporal agotan las energías. Pregúntele a alguien que está atrapado en el mal crédito por querer impresionar a los demás con algo nuevo. ¿La acción que usted se propone tomar aumentará su inventario de cosas en la Tierra, o aumentará su cuenta de ahorro y préstamos en el cielo?

3. ¿Añadirá calidad o simplemente cantidad?

María y Marta lucharon con este mismo asunto (Lc 10.38-42). María era demasiado "celestial", y Marta era demasiado "terrenal". ¿Dónde está el equilibrio? Esa es la pregunta importante. Una vez que usted llega a ser adulto, las tareas suelen ser una opción. ¡Pero siga añadiendo tareas, y el resultado será menos opciones! Las tareas comienzan a dominarle, y pronto le quitarán sus reservas de energía.

4. ¿Cómo afectará eso a mi familia?

La familia es una institución dada por Dios, y como tal debe ser una prioridad. Las relaciones interpersonales con aquellos que más amamos deben ser gozosas, no turbulentas. Añadir otra oportunidad en su agenda podría no ser necesariamente bueno para la familia. Es como el anciano que presentó su carta y un poco de menudo al empleado del correo. Éste dijo: "Lo siento, señor. Esta carta es demasiado pesada. Tendrá que agregar otra estampilla." El hombre replicó bruscamente: "¡¿Y supongo que eso va a hacerla más liviana?!

Usted tiene cada día 1.440 minutos. Uno no puede desperdiciarlos en actividades que no añadan valor a su vida ni hagan avanzar las metas de su organización. El hecho de que usted *pueda* hacer algo no es ninguna para que *deba* hacerlo.

Evalúe cuidadosamente cada oportunidad. Dios quiere que usted tenga éxito, y le proporcionará todo lo que sea necesario para lograrlo. Pero le dio la oportunidad más grande: la de elegir. Él anhela que usted sea guiado por su Espíritu para que pueda elegir cuidadosamente entre lo inmediato y lo importante, para que busque su voluntad por encima de sus deseos, y para que descanse en la seguridad de su presencia.

46

Cómo reclutar líderes

Como líder, usted es solo apenas tan bueno como el equipo que le rodea. Usted necesita jugadores que salgan al terreno de juego e implementen la visión. Un líder tiene que tener un equipo.

Cómo líder, su primer imperativo es descubrir la visión que Dios le ha dado en cuanto a su ministerio. Su segundo desafío es crear el equipo que le ayudará a lograrla. Como dijo Vince Lombardi: "Las personas que trabajan juntas ganan, ya sea contra las complejas defensas del fútbol, o contra los problemas de la sociedad moderna." Esto es especialmente cierto en el ambiente del ministerio; usted necesita un equipo fuerte trabajando juntos para ganar.

No importa cuán talentoso, enérgico o ambicioso sea usted, necesita el apoyo de socios capaces. Los buenos equipos comienzan con buenos miembros de equipo. Estas personas, por lo general, no se hacen publicidad a sí mismas en la sección de avisos clasificados, y rara vez se escribe de ellas en las revistas cristianas. De hecho, los buenos miembros de equipo suelen ser difíciles de encontrar.

Al inicio de la Iglesia, los apóstoles enfrentaron la necesidad de reclutar a un líder. Tuvieron que reemplazar a Judas, el que se perdió. Los pasos que dio el comité bajo el liderazgo de Pedro ofrecen ideas en cuanto a la creación de un equipo de liderazgo efectivo.

1. Buscar en la dirección correcta

El autor y líder denominacional Earle L. Wilson habla de una conferencia que en un centro de retiro, donde un conferenciante tuvo un paseo frustrante en una canoa. No importa lo mucho que lo intentara, ni él ni su compañero lograban que avanzara.

"¿Cómo estabas ubicado en la canoa?" preguntó Wilson. El "navegante" dio una respuesta interesante: "Estamos frente a frente el uno del otro," dijo. No habían avanzado porque estaban empujando en direcciones contrarias.

Pedro reconoció que el equipo necesitaba seguir adelante en la dirección correcta, a pesar de que uno de sus jugadores clave falló. (Ver Hechos 1.15-20 NVI.) Él señaló que en el libro de los Salmos está escrito: "Que su lugar quede desierto... Que otro se haga cargo de su oficio." Pedro estaba diciendo: "Tenemos que seguir cumpliendo con nuestro propósito dado por Dios."

¿Cuál es el propósito de su ministerio? Identifique a los líderes potenciales que estén "a bordo" con sus metas.

2. Capacite para el liderazgo

Los líderes no crecen en los árboles. Crecen en las aulas. ¡Hay quienes tienen cualidades para el liderazgo y no lo saben! Ellos deben aprender a descubrirlas. Comience una clase regular en cuanto al liderazgo y los dones del Espíritu y verá a sus más fieles estudiantes desempeñando en el futuro un papel de liderazgo.

El ambiente de un aula es un buen lugar para detectar a quienes tengan cualidades para el liderazgo. La clase puede incluir también tareas de liderazgo, las cuales identificarán las cualidades del líder.

3. Dé una buena mirada a su alrededor

Algunos de sus mejores trabajadores pueden ser líderes en potencia. El apóstol Pedro nos dio una pista: "Es necesario, pues, que de estos hombres que han estado juntos con nosotros... uno sea hecho testigo con nosotros, de su resurrección [de Cristo]" (Hch 1.21-22). Al reclutar líderes, comience con su propio equipo. ¡El mejor candidato puede estar justamente a su lado!

¿Quiénes son de los que usted puede contar para llevar a cabo un plan? ¿Quiénes son los más responsables? ¿Los más consagrados? ¿Los menos propensos a quejarse de sus tareas? ¿Los que aprenden más fácilmente? Ellos son candidatos excelentes para formar su equipo de líderes.

4. Pida al Espíritu Santo que le guíe

El Espíritu Santo está comprometido a ser su guía. (Ver Juan 16.13.) Los caminos del ministerio están salpicados de las manchas de sangre dejadas por los heridos que ignoraron el silbo apacible y delicado del Espíritu para escuchar a la multitud. Lo que tomó a los líderes de la Iglesia Primitiva cuarenta días de oración y ayuno, ¡los líderes modernos lo resuelven a menudo en cuarenta segundos!

El enfoque del comité de búsqueda de los apóstoles se enfocó en la oración: "Así que propusieron a dos: a José, llamado Barsabás, apodado el Justo, y a Matías. Y oraron…" (Hch 1.23, 24 NVI).

Antes de tomar una decisión final, los apóstoles sometieron el asunto a la aprobación del Espíritu Santo. Oraron, Él respondió, y se hizo la elección correcta. De modo que no trate de tomar una decisión en cuanto a reclutamiento, ni de resolver cualquier asunto importante, sin buscar primero la guía del Espíritu Santo.

Su equipo será solo tan fuerte como los líderes que lo formen. Reclute buenos líderes y tendrá un equipo exitoso. Si usted es dedicado en el proceso de reclutamiento, multiplicará sus esfuerzos y su efectividad. Si descuida dar los pasos correctos en la proceso de reclutamiento, multiplicará su inefectividad. La decisión es suya.

47

CONSEJOS PARA CAPACITAR LÍDERES

Usted no puede hacer todas las cosas solo. Yo no puedo. Nadie puede. No importa cuán talentoso, creativo, brillante y enérgico líder pueda ser usted (¡y lo es!), no puede hacer el trabajo del ministerio sin ayuda. Todo líder necesita un equipo. ¿Está usted formando uno?

Crear un equipo fuerte multiplicará sus esfuerzos. ¿Alguna vez deseó que un día tuviera una hora más, o que una semana tuviera un día más? Reclutar a jugadores claves para su equipo aumentará su productividad. Ya que su visión le pertenece también a otros, ellos le ayudarán a convertirla en realidad.

Formar un equipo fuerte añadirá años a su ministerio. ¿Ha notado usted que los atletas individuales se agotan mucho antes que el conjunto de jugadores del equipo? Los gimnastas y los patinadores son afortunados si pueden estar compitiendo todavía a la edad de dieciocho años. ¡Pero Michael Jordan volvió al baloncesto profesional a los treinta y ocho! Confiar en la "fuerza de relevo" mantendrá alto su nivel de energía como líder. Le necesitamos para mucho tiempo; forme un equipo que le ayude a mantenerse en el juego.

Como líder, uno de sus principales retos es identificar y reclutar a otros líderes para que sean parte de su equipo. En ese proceso de reclutamiento, usted debe identificar las cualidades para el liderazgo en los miembros potenciales del equipo. Entre ellas están: una visión que mire más allá del presente, la integridad que caracteriza el estilo de vida, la aceptación de riesgos cuando otros se vuelvan atrás, la paciencia que balancea las presiones que se producen, y la cordialidad que une a las personas como una cadena de oro.

Pero reclutar líderes es solo el primer paso. Para ser efectivo, todo líder debe ser capacitado. De hecho, estos líderes después que son formados, ¡deben llegar a ser responsables de capacitar a otros! El foco de un equipo de liderazgo debe ser la capacitación sistemática de los miembros. El apóstol Pablo modeló esta teoría de la "cadena de capacitación" en su consejo al pastor Timoteo: "Lo que has oído de mí ante muchos testigos, esto encarga a hombres fieles que sean idóneos para enseñar también a otros" (2 Ti 2.2).

Para hacer eso, usted necesitará tener sesiones de capacitación. ¿Por qué?

1. La necesidad de información

Esta es la era de la información. La era de las noticias de último minuto y de las entrevistas exclusivas. El reportero que da la información pone en situación ventajosa a su medio informativo. La tecnología moderna permite dar información al instante. También es la era de información para la iglesia. Toda organización exitosa tiene un flujo constante y coherente de contenido, hechos y filosofía que mantienen a la organización en movimiento.

Cada miembro necesita estar al tanto de la misión (filosofía) de la iglesia, contar con información actualizada (hechos) y recibir materiales apropiados (contenido) para ser efectivo.

2. La necesidad de capacitación

El contenido, los hechos y la filosofía no sirven de nada a menos que puedan ser aplicados de manera práctica a la vida de las personas. Todo líder necesita capacitación en cuanto a los aspectos prácticos de su ministerio. ¡Piense en el tiempo que las empresas invierten en la capacitación de sus ejecutivos! Si los líderes seculares entienden el valor de la capacitación, ¡cuánto más debe la iglesia estar dispuesta a invertir en sus líderes!

Algunos de los momentos más importantes que usted pasará con sus líderes serán los momentos de capacitación. Jesús modeló eso para nosotros. Él combinó el ministerio con la capacitación. Los discípulos aprendieron a amar y respetar al Maestro a medida que Él derramaba su vida en ellos. Por medio de la enseñanza individualizada o en grupos pequeños, los discípulos aprendieron lo referente a la labor espiritual.

3. La necesidad de involucramiento

Las sesiones de capacitación dan cabida a un tiempo para compartir objetivos e ideas. Lo que no se puede aprender en un aula formal puede ser aprendido en un tiempo de discusión informal.

La confianza mutua es la base para crear un equipo. Cualquier oportunidad que usted pueda dar a su equipo de líderes en cuanto a una capacitación compartida les da a ellos el beneficio del apoyo personal y de las experiencias compartidas.

4. La necesidad de inspiración

El apiñamiento de los jugadores de un equipo no es solamente un tiempo para recibir instrucciones de cómo hacer una jugada planeada de antemano, sino también una ocasión para comunicarse ánimo. Hay una emoción que resulta del hecho de apiñarse durante el partido para tener un momento de reflexión, instrucción y motivación. Las sesiones de capacitación brindan esa misma clase de inspiración.

Por supuesto, el entrenador es quien dirige las jugadas y presenta la estrategia. Su liderazgo personal, desde la línea de banda o en el campo, vigorizará a los jugadores de su equipo y los inspirará para que den personalmente lo máximo de sí mismos.

Reclute a los líderes con la actitud y la visión de lograr algo grande. ¡Y deles la capacitación que necesitan para hacerlo! Una congregación transformada comienza con líderes que han recibido ideas frescas y una nueva dirección.

48

Siete equipos que usted necesita

Jesús no eligió solamente a un apóstol, sino que designó a doce. Esa debe ser nuestra primera pauta: que el trabajo en equipo es parte del liderazgo bíblico. Y no será la última.

Pablo y Bernabé funcionaban como un equipo para elegir a los ancianos de las iglesias locales que plantaban. Pablo formó un equipo con Timoteo cuando enviaron una carta a la iglesia en Filipos, que incluía ancianos, diáconos y miembros de la congregación. Los ancianos funcionaban como un equipo cuando fueron desafiados por Pedro a apacentar al pueblo de Dios. (Ver 1 P 5.1-5) Los diáconos funcionaban como un equipo en cuanto al cuidado de las viudas griegas (Hechos 6). El trabajo en equipo se ve con frecuencia en la Biblia, y sigue siendo una parte vital del liderazgo efectivo.

¿Cómo son sus habilidades para crear equipos? ¿Qué nivel de trabajo en equipo muestra con sus colegas y sus superiores? ¿Es usted un formador de equipos? Va a lograr mucho más si lo es, y al final será más efectivo para el Reino de Dios.

El valor del trabajo en equipo está ejemplificado en los deportes. Por ejemplo, los entrenadores deben lidiar constantemente con la rotación entre sus jugadores, y eso también es cierto para la mayoría de los líderes. Una organización no es un solo equipo, sino muchos. Dentro de toda iniciativa de éxito, los equipos se forman, actúan y se disuelven a medida que las necesidades y objetivos del grupo cambian. Para tener éxito, usted debe aprender a identificar los distintos equipos que se necesitan dentro de su organización, y también a formarlos de manera efectiva.

Hay siete tipos de equipos que necesitarán en los diversos puntos de su liderazgo.

1. Equipo para la solución de problemas

El equipo para resolver problemas está ideado para resolver un problema, y luego se disuelve. Los comités dejan de funcionar por naturaleza cuando no tienen un objetivo claro. Este equipo debe centrarse siempre en el fin específico y mantener un sentido de urgencia en cuanto al logro del propósito. Un equipo para la solución de problemas puede responder más rápido que un comité permanente, y sus miembros pueden ser seleccionados en base a las exigencias de la tarea.

2. Equipo especial

Algunas tareas requieren la pericia de personas que son competentes en un campo determinado. Un equipo especial normalmente va más allá del trabajo del equipo para la solución de problemas, y reúne a expertos para lidiar con problemas a un nivel más alto. El equipo especial puede ocuparse de problemas que tomen un año o más para resolver. Este equipo suele exigir un nivel más alto de compromiso de sus miembros.

3. Equipo de liderazgo

Los líderes de mayor categoría y la junta de gobierno de la organización forman su equipo de liderazgo. (Si usted no tiene un líder, entonces no tiene un equipo.) Un equipo de liderazgo funciona como el centro neurálgico de la organización, asigna tareas y reúne información. Todas las organizaciones tienen un equipo de liderazgo, porque todas ellas tienen líderes. Sin embargo, no todos los equipos de liderazgo funcionan como un equipo. Cuando hay un conflicto en una organización, éste suele tener su origen en el equipo de liderazgo. Lograr que los líderes de cualquier grupo trabajen juntos es una responsabilidad de primer orden del líder.

4. Equipo mentor

El título suena protocolar, pero la tarea del equipo no es protocolaria. A menudo, el equipo mentor se reúne informalmente para comentar una faceta del trabajo del grupo. Por ejemplo, quienes trabajan en cargos equivalentes pueden reunirse una vez a la semana para tomar café y hablar de asuntos, problemas e ideas comunes. Aunque no hay una agenda formal, el grupo funciona como un laboratorio de instrucción para los miembros. Los buenos líderes inyectan ánimos, y a veces dan comienzo al equipo mentor.

5. Equipo *ad hoc*

El equipo *ad hoc* es parecido al equipo para la solución de problemas, pero por lo general tiene menos autoridad. Su propósito es investigar, recopilar información y presentar opciones para la toma de decisiones. Por ejemplo, se puede formar un equipo *ad hoc* para revisar la política en cuanto a sueldos. El equipo podría incluir a representantes de todos los niveles de la organización, y presentar recomendaciones para consideración de los líderes de la organización.

6. Equipo de alto rendimiento

El equipo de alto rendimiento es especializado y espontáneo. Este equipo suele tener una responsabilidad permanente que requiere de creatividad y del empleo de capacidades. Una iglesia de Washington, D.C. tiene un equipo de adoración de alto rendimiento. Se reúne de manera informal para idear próximos servicios de adoración. Sus miembros tienen un alto nivel de capacidades y de compromiso con la tarea. El equipo de alto rendimiento normalmente se dirige a sí mismo.

7. Equipo de capacitación interdisciplinaria

El equipo de capacitación interdisciplinaria se ocupa de áreas donde se han detectado puntos débiles, y tiene el poder de tomar decisiones sobre la marcha cuando el retardo en un proceso puede impedir el logro de metas importantes. El equipo de capacitación interdisciplinaria suele incluir a quienes pueden tomar decisiones, de cada área representada.

Lograr que quien forman parte de un equipo trabajen juntos es mucho más fácil si cada uno conoce su papel y su responsabilidad. Si usted define claramente la naturaleza y la misión de un equipo, éste funcionará con mayor eficacia. Domine el arte de la formación de equipos, y dominará el arte de trabajo en equipo.

49

Cómo garantizar la integridad de la institución

Lo hemos oído demasiadas veces. La iglesia está prosperando y creciendo, las finanzas son sólidas, y el impulso es fuerte. Solo hay un problema: el pastor es obligado a renunciar debido a un problema ético. De repente, la organización está en el caos.

La empresa está en auge, las ventas han subido, los trabajadores están motivados, y el valor de las acciones está aumentando. Solo hay un problema: el presidente ha alterado los libros. En pocas semanas, cientos de personas están desempleadas.

Nunca es suficiente ser eficiente, capaz o talentoso. El líder debe tener rectitud ante todo. Tenemos que mantener nuestra integridad si queremos ser líderes con éxito.

Tenemos una obligación que cumplir, un deber sagrado que defender. Debemos proteger nuestro corazón, nuestras acciones y nuestra reputación. Hay mucho en juego para cualquier líder, especialmente para un pastor. Debemos ser personas íntegras.

Como capitán de la nave de su iglesia, usted es responsable de trazar el rumbo, reclutar a los marineros, mantener las velas desplegadas, tener cuidado con las rocas, y estar listo para proveer los salvavidas. Usted lleva a cuestas una gran responsabilidad, ¡la integridad de su "nave" está en juego!

La integridad es un reflejo directo de usted mismo. Hay que tener un gran cuidado para garantizar que su organización se yerga en toda su altura en el Reino y en la comunidad. He aquí algunos consejos para liderar con integridad.

1. No perder el rumbo

Lo más probable es que usted se haya tomado el tiempo para redactar una declaración de propósito en la que formula los "qué," los "por qué" y los "por consiguiente" de su organización. Su siguiente tarea importante será mantener a su organización enfocada en ese propósito.

Pablo animó a todos los líderes del Nuevo Testamento a tener un mismo parecer, diciendo: "... siendo del mismo sentir, conservando el mismo amor, unidos en espíritu, dedicados a un mismo propósito" (Fil 2.2 LBLA, La Biblia de las Américas). Asegúrese de que las actividades, programas y objetivos de su organización complementen su razón para tener ese mismo sentir.

2. No hacer promesas que no pueda cumplir

La integridad de muchas iglesias se ha visto empañada por hacer promesas que no pueden cumplir. Si no va a ser el evento más grande, más espectacular y más maravilloso sobre la faz de la tierra, no prometa que lo será. Usted conoce la frustración que se experimenta cuando pide un sándwich de comida rápida basándose en la imagen que se ve en el mostrador. Las imágenes y las palabras son a menudo engañosas. Ese no debe ser el caso en cuanto al programa de la iglesia.

3, Ser franco en cuanto a los planes y programas

La falta de franqueza en cuanto a los planes y programas de la organización es un asesino segurísimo de la integridad. El pastor general de una iglesia invitó a un pastor de jóvenes a unirse a la plantilla del personal de su iglesia. Lamentablemente, el pastor no lo mencionó a los miembros de la junta directiva de la iglesia. Imagine la vergüenza de este miembro potencial del personal cuando se presentó. No solo no le dieron el cargo a éste, sino que también el pastor general fue despedido después de dos meses.

En este caso, la integridad del pastor debió haber comenzado en la sala de reuniones de la directiva. Intencionalmente o sin intención, defraudar a los líderes de la iglesia hizo difícil la contratación de los pastores siguientes. La falta de integridad tiene una influencia muy grande.

4. Abrir los libros

La gente quiere estar informada de la entrada y salida del dinero. Uno de los documentos más importantes que puede publicar una organización es su estado financiero. Su congregación probablemente ha leído los periódicos o escuchado o visto la noticia antes de llegar al culto. Demasiados fiascos financieros en el mundo empresarial están frescos en sus mentes.

Son las organizaciones que muestran discreción en el manejo de sus finanzas las que tienen acceso a fondos discrecionales.

5. Fomentar la pureza

El líder debe crear un ambiente de pureza en el ministerio. Planifique el ministerio de modo que se trabaje en grupos, en vez de hacerlo de dos en dos. Anime, incluso exija, que los voluntarios se tomen unos días de permiso en el ministerio. Tenga cuidado en los momentos de interrelación para evitar conversaciones y chistes "ambivalentes". Los líderes de la iglesia no deben contribuir a la contravención de las normas por parte de un miembro de la congregación al no velar por el buen ambiente del ministerio.

6. Concentrarse en lo principal

Las organizaciones enfocadas en el ministerio tienen como su propósito el mandato de ganar almas y edificar a los creyentes. Otras actividades son viables solo si al final conducen al objetivo principal, la evangelización. Su misión y su propósito es el fundamento de cada una de las actividades de su iglesia. Usted tiene que responder al Cristo de la Iglesia. Lo que Él representa es más importante que cualquier otra cosa. Y usted debe estar unido a Él.

El héroe de guerra y ex-presidente Dwight D. Eisenhower de los Estados Unidos dijo: "Si los aliados de un hombre lo encuentran culpable de falsedad, si descubren que carece de clara integridad, acabará mal." Mantenga su integridad, y su iglesia lo hará también.

50

Cinco maneras de aumentar sus capacidades

Se cuenta la historia de un granjero que puso este aviso en la cerca de su pastizal: "Bienvenidos los intrusos. Solo asegúrense de atravesar el campo en 9.9 segundos. ¡El toro puede hacerlo en 10!" En esta vertiginosa era de la información, es fácil quedarse rezagado. Los líderes corren más de prisa que esos toros que embisten, manteniéndose alertas e informados.

Los buenos líderes no tratan de ser expertos en todas las áreas. Entienden las limitaciones de su saber y su experiencia, y siempre cubren sus lagunas haciendo preguntas, buscando el consejo y aprendiendo de los demás.

Las personas que no piden consejo cometen errores innecesarios. Los grandes líderes no se avergüenzan de pedir consejos, y no les da temor recibirlos. Buscan a los consejeros. Trabajan en el desarrollo de una red de asociados que pueden conectar módulos de capacidades y experiencia a sus vidas. He aquí algunos lugares donde los líderes sobresalientes buscan consejo.

1. Entre los suyos

Los mejores líderes son sensibles a las capacidades y experiencias de quien trabajan con ellos. Buscan las ideas del equipo y hacen preguntas. Saben que ignorar algo no es motivo para avergonzarse, pero que sí es malo ser negligente. Por eso piden información, con toda confianza, a quienes saben más.

Algunos de los mejores consejos que usted reciba pueden venir de una reunión con su personal. Usted ha agregado personal por sus dones naturales. ¿Por qué no utilizar esas capacidades? Los grandes líderes no tienen temor de adoptar una actitud humilde frente a un problema abrumador. No temen llevar el problema a la mesa y hacer las preguntas que estimularán las respuestas de quienes los rodean.

2. En las publicaciones

Los líderes son lectores. Aprenden como sacarle el jugo a un artículo o una noticia. Saben lo que hay en la noticia, y están al día en las revistas divulgativas. Siempre hay un libro en su mesa de noche.

Se suscriben a revistas que tienen que ver con su ministerio. Y ponen las recomendaciones de las revistas en práctica cuando posible.

3. En Internet

Los líderes navegan por Internet. Saben que la respuesta en cuanto a un proyecto se puede tener buscando en Internet, ¡pero tienen cuidado de no ser desviados al lado equivocado de la vía! Saben cómo utilizar los recursos incalculables de la web para conseguir consejos prácticos e informaciones que contribuyan al éxito de su ministerio. Pero escogen los sitios web confiables, y favorecen los que ofrecen orientación cristiana.

4. En los talleres

Las oportunidades de educación continua abundan en casi todos los campos, y los mejores líderes asisten a los talleres para mantenerse al día en su actividad o profesión. Saben que el precio que pagan por la inscripción para tener una buena oportunidad para aprender será más que compensando por una mayor eficiencia o un influjo de buenas ideas. Van a aprender, y llevan a otros con ellos.

No todos los talleres serán una gran fuente de sabiduría. Pero si usted capta bien tan solo una idea en un taller o seminario, valdrá la pena cada hora o dólar invertido.

Muchas ideas fluirán de estos talleres. Sucede algo cuando salimos del campo de juego que nos ayuda a descubrir una nueva jugada. Usted puede pasar tanto tiempo mirando los bosques, que se le escapa ver los árboles.

5. En la escuela

La educación es una inversión, y los líderes ponen dinero en el banco del aprendizaje. Dedican tiempo para terminar o continuar su educación formal. En Internet, en cursos intensivos o en programas tradicionales, encuentran la manera de aprender más al mismo tiempo que logran un título. Los líderes aprovechan también las fuentes alternativas de aprendizaje. Puede ser que no tengan tiempo o el dinero para hacer una carrera universitaria. Pero saben que un curso nocturno en un escuela secundaria o en un colegio universitario local pudieran ser justamente lo que necesitan para afinar sus habilidades.

El líder está siempre decidido a aprender, no importa hasta qué punto haya subido en la escalera. No pasará mucho tiempo para que el líder descubra, cuando se presenta una nueva situación, que no tiene todas las respuestas. Puede bastar solamente el empecinamiento o el letargo de un miembro de un equipo o de la junta de la iglesia, para hacerle ver la realidad. No importa cuántos títulos tenga usted, probablemente se le presentará una situación que le exigirá un poco más de preparación.

El líder es ante todo un estudiante de la Palabra de Dios. El estudiar la vida de los líderes del Antiguo y Nuevo Testamentos ofrece una gran variedad de consejos en cuanto al liderazgo. Siéntese con Moisés mientras él sirve como juez de los israelitas, y de pronto es interrumpido por su suegro Jetro. Su consejo de que delegue responsabilidades vale más que un curso universitario. Siga a Jesús al otro lado del paisaje del tiempo y vea cómo capacita a sus seguidores para que edifiquen el Reino de Dios. Usted aprenderá de cada parada a lo largo del camino. Cada lección le ayudará en el liderazgo cristiano.

¿Hay lagunas en su conocimiento como líder? ¿En qué áreas pudiera usar el asesoramiento, la información o mayores habilidades? ¿Qué hará para adquirir estas cosas?

51

Cómo llegar a ser un líder espiritual

Los grandes líderes políticos han entendido siempre que ni los votos ni las balas por sí solo son suficientes para liderar una nación. La verdadera batalla es espiritual siempre.

¿Es diferente su ministerio?

Nosotros los pastores, incluso más que otros líderes, tenemos que avanzar de rodillas. Nunca es suficiente conocer los principios y los métodos para hacer bien las cosas. Ni organigramas ni listas de metas son suficientes para liderar la iglesia de Cristo. Tenemos que ser hombres y mujeres de oración, anclados en la Palabra de Dios e impregnados del Espíritu Santo. Tenemos que ser líderes espirituales.

Estos son días difíciles. Nuestra gente está asustada. Están buscando aliento, seguridad y dirección. Necesitan un pastor fuerte que predique, aconseje y dirija con autoridad de lo alto, y que lidere con amor. Sea usted ese pastor. Nuestra influencia es espiritual, no temporal.

La mayoría de la gente admira a los pastores por su fe, y dependen de ellos para sus oraciones. En estos días, cuando el papel del pastor está siendo rediseñado más rápido que lo que hace un niño del jardín de infancia con un puñado de plastilina, tenemos que afincarnos en el liderazgo espiritual. He aquí cómo ser un líder conforme al corazón de Dios.

1. Mantenga afinada su vida espiritual

En medio de la confusión y el ajetreo de cada día, es posible que las tareas más evidentes sean las que un pastor olvide con más facilidad. Si queremos liderar para Dios, tenemos que conocerlo íntimamente. Y eso requiere pasar tiempo con el Él.

Programe un tiempo diario de oración en su agenda, y rechace después todas las interrupciones. Lea la Biblia para su crecimiento espiritual, no solo para preparar su sermón. De vez en cuando, pase un día a solas con Dios. Busque a alguien a quien dar cuenta de su conducta personal cristiana. Usted no puede liderar con autoridad espiritual si no tiene ninguna autoridad.

2. Modele el liderazgo espiritual para su personal

La reunión es tensa. Hay que tomar una decisión muy importante. Se han expresado ideas conflictivas. Como el líder, usted tiene un plan definido. Es tentador tomar el control de la reunión y presionar para lograr que se tome la decisión que usted desea. ¡No lo haga!

Los líderes espirituales buscan la dirección de Dios, aun cuando piensen que tienen la respuesta correcta. Haga un alto en la reunión para orar. Dígale a su equipo: "Necesitamos orar por este asunto." Después, ore.

3. Modele liderazgo espiritual desde el púlpito

Usted los ha visto, esos predicadores que tienen un aura de grandeza, y que se convierten a sí mismos en los héroes de cada historia. Mientras usted escucha a estos pomposos oradores hablar de sus logros como líderes, de sus éxitos como orientadores y de sus hazañas personales, se pregunta ¡cómo pudo Dios dividir el Mar Rojo sin ellos!

Los auténticos líderes espirituales son honestos en cuanto a su dependencia de Dios. Le recuerdan a su pueblo que nada bueno sucede sin la oración. Son sinceros con respecto a sus imperfecciones (sin pedir que los feliciten por eso). Dejan claro que cualquier éxito que lograron mientras estuvieron encargados de algo fue por la gracia de Dios.

4. Hable de las cosas que importan

Demasiados sermones están desconectados de la realidad. Es más fácil y menos amenazante predicar acerca de la vida interior que de la guerra, los hijos, la ética en los negocios o los problemas maritales. Pero las personas, después que salen de la iglesia, no van a sus casas para reflexionar sobre el misterio de la Trinidad, por más importante que sea esa doctrina. Van para lidiar con un esposo o una esposa polémicos, trabajos estresantes y noticias perturbadoras en los medios de comunicación. Los pastores acentúan su autoridad espiritual aplicando la Palabra de Dios a los desafíos que enfrentan las personas ahora mismo. Los líderes espirituales hacen frente a las cuestiones difíciles, porque su gente también lo hace. Tienen algo que decir en cuanto al mundo en que vive, y las personas los respetan por ello.

5. Cultive el discernimiento

La autoridad es la mitad del liderazgo espiritual; el discernimiento es la otra mitad. La autoridad espiritual viene de conocer a Dios y de haber recibido su poder. El discernimiento espiritual viene de conocer a las personas, interpretar sus circunstancias y prever los resultados. El discernimiento es la capacidad de intuir cuándo hablar, qué hacer y en quién confiar.

Como en la autoridad, discernimiento requiere intimidad con Dios. Algunos líderes reciben el discernimiento como un don espiritual; otros deben cultivarlo. Conviértase usted en un estudiante de las personas y las situaciones. Cultive a consejeros de cuya sabiduría puede hacer uso cuando sea necesario. Y sobre todo, busque los propósitos de Dios. Él ha prometido dar sabiduría a quienes la busquen.

El mundo está buscando líderes espirituales, ahora más que nunca, y usted puede serlo. Pero recuerde que una posición no es lo mismo que poder. Ser pastor no lo convierte a uno en un líder espiritual. Usted debe tener una vida de intimidad con Dios, conocer la mente y el corazón de Él, y luego ser un representante del Señor para su gente.

Lidere con autoridad. Lidere con integridad.

La gente lo seguirá.

52

Liderar bajo autoridad

Usted nunca será un líder hasta que aprenda a ser un seguidor.

"Ningún hombre es una isla," escribió el poeta John Donne. Todos estamos conectados unos a otros. Y como líderes, estamos conectados con el líder supremo, Jesucristo. Para poder liderar bien debemos primero estar bajo autoridad, la autoridad de Cristo.

Esto es un problema para algunos líderes. Creen erróneamente que ser un líder fuerte significa no recibir órdenes de nadie. En realidad, todos estamos bajo autoridad de muchas maneras. Los pastores sirven bajo superintendentes u obispos de distritos, igual como el presidente de una empresa es responsable ante un directorio. Para poder liderar bien, debemos seguir fielmente a otros. Y eso requiere humildad.

Los líderes se hacen acreedores del permiso para guiar a otros cuando comienzan a seguir el liderazgo de Dios en sus propias vidas. "Seguidor" no es una aceptación ciega ni una señal de debilidad personal. Por el contrario, es una importante cualidad de carácter de cualquier persona que espere ser efectiva liderando a otras. He aquí seis características de un seguidor.

1. Un seguidor no tiene miedo de fallar

La mayoría de los éxitos en la vida viene después de un fracaso. El fracaso es la saz que le da sazón a la victoria. Un profesor universitario que conozco afirma que un estudiante cuyo promedio de calificaciones es 3.97 [en el sistema norteamericano de 1 al 4] tiene más aprecio por los logros que un estudiante cuyo promedio es de 4.0. ¡No es hasta que uno haya caído que se la cuenta de lo bien que se siente al ponerse de pie!

Los seguidores aprenden de los errores de sus líderes. La observación es a menudo tan valiosa como la instrucción. Ésta viene, por lo general, de observar el plan de ataque del líder. Los seguidores se dan cuenta de lo que funciona o no, observando las experiencias de los líderes emprendedores. Algunas de las lecciones más grandes se aprenden durante algunos de los mayores fracasos. La manera como una líder reaccione frente a los reveses puede ejercer influencia sobre quienes lo siguen. Y quienes lo siguen tendrán mucho interés en saber las razones causantes de esos reveses.

2. Un seguidor es un pensador creativo

Cuando su líder le asigna una tarea, tal seguidor no estará conforme en hacerlo de la misma manera que se ha hecho siempre. Pensará en un método o una nueva manera de realizar el trabajo. Puede ser tan simple como cambiar el lugar de reunión a un restaurante, en vez de tenerla en un aburrida sala de conferencias. Los seguidores efectivos son pensadores inconformistas con un espíritu emprendedor.

Los seguidores creativos están abiertos a nuevos métodos. No están atados a tradiciones en cuanto al liderazgo. Una de las cualidades que un seguidor nota en un líder es la capacidad de adaptación del líder. Con mayor frecuencia, son los grandes líderes quienes marcan el rumbo. Su inclinación por lo moderno y actualizado los lleva a nuevas incursiones, y en la mayoría de los casos a nuevos éxitos.

3. Un seguidor busca la sabiduría

Los buenos seguidores siguen el consejo de Proverbios 3.5, 6: “Fíate de Jehová de todo tu corazón, y no te apoyes en tu propia prudencia. Reconócelo en todos tus caminos, y él enderezará tus veredas.” Seguir implica el reconocimiento de áreas de ignorancia o debilidad, y la búsqueda de la sabiduría de personas más capacitadas para cubrir esas lagunas.

Los seguidores son personas que buscan información. Aprovechan los medios de comunicación del siglo XXI. Miran, escuchan y reflexionan. Son lectores, y retenedores. Toman notas. Archivan ideas. Están siempre atentos al mejor método para lograr el propósito de su ministerio.

4. Un seguidor es alguien que obedece órdenes

A veces, la palabra *mansedumbre* es malinterpretada como "debilidad". Eso no podría estar más lejos de la verdad, ya que únicamente quien está seguro de sí mismo y tiene una alta estima es capaz de ser verdaderamente humilde. Se necesita tener un gran control interno para dejar de lado el control externo.

Jesús modeló este concepto a la perfección. El Creador de la unidad familiar aprendió la obediencia en el hogar de su familia terrenal. El mismo que creó los bosques, aprendió a trabajar la madera en el taller de carpintería de José. Su mayor sacrificio vino a petición de su Padre celestial. Su sometimiento al plan de la salvación fue un acto de obediencia voluntario.

5. Un seguidor está dispuesto a hacer lo que sea necesario para realizar el trabajo

Se ha dicho que una persona puede lograr mucho cuando no le importa quién se lleva el crédito.

Un buen seguidor está dispuesto a dar el crédito a los demás, incluyendo a su líder. Los buenos seguidores no necesitan medallas para demostrar que fueron fieles en el cumplimiento del deber. Está dispuesto a pagar el precio con el fin de llevar a cabo el propósito.

6. Un seguidor sabe escuchar

Todo aprendizaje se hace escuchando, viendo o leyendo. Escuchar sinceramente es un esfuerzo sumamente activo, y para alguien que le gusta escuchar, puede ser un verdadero estrés. Tomar notas, hacer contacto visual y resumir los puntos clave, hacen un buen oyente, y un buen seguidor.

Jesús fue el ejemplo de cómo escuchar. Véalo dialogando con Nicodemo o con el joven rico. Obsérvelo cómo escucha las afligidas preguntas de María y Marta después de la muerte de su hermano. Note sus últimas acciones en la cruz, cuando dos ladrones dicen lo que piensan. Y fíjese en su reacción a la súplica del ladrón arrepentido. Jesús dio los sermones o discursos más grandiosos jamás pronunciados. Pero también escuchaba como nadie.

Jesús nos enseñó que los primeros serán últimos, y los últimos, primeros. Esto parece irónico, pero es cierto. Y también es cierto que un buen líder debe ser primero un buen seguidor. Aprenda usted a seguir al Líder, y los demás lo seguirán a usted.

53

Cómo manejar el cambio

Los agentes de cambio suelen ser considerados rebeldes. Son inconformistas dispuestos a atacar ideas tradicionales. Los agentes de cambio pueden hacer sentir incómodos a los demás. ¡Pero los agentes de cambio son vitales! Sin estos temibles líderes, ninguna iglesia u organización podría crecer, mejorar o revitalizarse.

¿Será usted un agente de cambio? Sé que no es cómodo. Sería más fácil aceptar el *statu quo*, trabajar por un sueldo y volver a casa a las 4.30 cada tarde. Pero si usted es como yo, sentirá que Dios nos está llamando hacia adelante, hacia un nuevo día. Usted cree que el futuro luce siempre más brillante que el pasado, y que lo mejor está aún por llegar. Tiene el anhelo de convertir en una realidad ese brillante futuro.

No hace falta ninguna habilidad para provocar una avalancha. Cualquiera puede liberar un torrente de energía reprimidas, quizás incluso por accidente. Iniciar el cambio no es difícil. ¿Pero, manejarlo? Esa es otra historia. Hace falta un líder muy calificado para manejar el cambio de manera efectiva. He aquí seis técnicas muy importantes para manejar el cambio. Domínelas, y evitará que el cambio que usted no genere una avalancha de airadas críticas.

1. Ilumine a los demás

Todos los cambios comienzan con un período de iluminación, de un desarrollo de la comprensión. A lo largo de la Biblia vemos como se produjo una iluminación antes de que pudiera realizarse cualquier cambio. La comprensión que tuvo Job de la soberanía de Dios lo ayudó a comprender el proceso del crecimiento espiritual. Nehemías fue iluminado en cuanto al ruinoso estado de los muros de Jerusalén, antes de lanzar su campaña de reconstrucción.

Comience el proceso de cambio iluminándose a sí mismo, e iluminando a los demás en cuanto al situación actual, y a los pasos que se necesitarán para lograr el futuro deseado.

2. Cree un sentido de urgencia

Después del período de iluminación, los demás verán la necesidad de hacer cambios en su ministerio u organización. Maximice el impulso mediante la creación de un sentido de urgencia en torno a los cambios necesarios. Deje que ese sentido de urgencia mueva a su equipo hacia la meta. Si el equipo siente que el cambio no solamente es útil, sino también indispensable, estarán mucho más dispuestos a aceptar el costo del cambio.

3. Genere orientación para el equipo

Usted no puede lograr un cambio por sí solo, no importa cuán incansable o resuelto pueda ser. Se necesita un esfuerzo de equipo para hacer cambios importantes en cualquier organización. Reúna un equipo para discutir la necesidad y generar ideas. Provéase de cuantos líderes pueda. Es importante que el mayor número de integrantes posible se conviertan en parte del proceso de cambio. Quienes no estén involucrados en el cambio pueden llegar a ser resistentes al cambio.

4. Aplíquese a la planificación estratégica

La siguiente técnica es la planificación estratégica. Howard Hendricks escribió sobre las visitas que hacía a un parque, siendo un muchacho, para ver jugar a las damas a unos hombres mayores. En una ocasión, uno de los hombres le preguntó a Howard si le gustaría jugar. Éste aceptó el reto, y sentó frente al hombre mayor. Al principio, el joven Hendricks lo hizo bien e incluso capturó una de las fichas del hombre. Pero, de repente, éste tomó una de sus damas, la movió libremente hasta el otro lado del tablero, y exclamó: "¡Te gané!" El hombre tenía un plan.

El cambio que usted desea no tendrá éxito sin un plan claro y alcanzable. La energía y el impulso le llevarán solamente hasta cierto punto. Para crear un cambio duradero, usted debe tener un plan sostenible. Al comenzar el proceso de cambio, usted debe tener el final en mente.

5. Prevea las necesidades

¿Cuál será el costo del cambio? ¿Cuánto dinero se necesitará? ¿Cuántas personas? ¿Cuánto tiempo? Los siguientes elementos forman lo que a veces es llamado el *triángulo de hierro* del manejo del cambio: dinero, personal y tiempo. Si no tiene suficiente de uno, debe tener abundancia de otro. Sin los recursos adecuados no puede lograrse un cambio. Tenga en consideración los recursos que necesitará en el plan del cambio que se propone hacer. Prevea los obstáculos que encontrará y los recursos que necesitará para superarlos. Si usted no hace planes para estas necesidades, su plan fracasará.

6. Evalúe el progreso

La evaluación es el paso final cuando se lidera un cambio. Hay que evaluar tres áreas en todo esfuerzo de manejo del cambio: la efectividad, la productividad y la propiedad. La *efectividad* de un cambio se evalúa primero, porque fue lo que justificó la meta. Esta evaluación pregunta: "¿Vamos por buen camino?" La evaluación de la *productividad* pregunta: "¿Entiende el equipo lo que se espera de ellos, y son capaces de hacerlo?" Si su personal no lo puede implementar, el plan no es adecuado para usted. La evaluación de la *propiedad* pregunta: "¿Creen las personas que este plan les pertenece a todos?" Un cambio que pertenezca solamente al líder, o simplemente al equipo de liderazgo, es poco probable que se convierta en una realidad. Cuando todo el grupo acepta el cambio desde el comienzo, difícilmente podrá fallar.

¿Desea iniciar un cambio? Maneje de manera efectiva estas seis técnicas importantes, domínelas, y será un experto en el arte del cambio.

54

Cómo manejar los riesgos

El mayor desafío en la vida de cualquier líder no viene de los críticos o de los competidores, sino de adentro. Cuando enfrentamos una decisión, lo más probable es que tengamos dos voces internas compitiendo por nuestra atención. Una de ellas dice: "Es demasiado arriesgado." La otra dice: "Vale la pena el riesgo." Los grandes líderes son aquellos que han aprendido a desechar las voces de la negatividad y de las propias dudas, para enfocarse en una visión positiva y optimista del futuro.

¿Qué desafío está enfrentando ahora su organización? ¿Cuáles son sus retos personales como líder? Es muy probable que usted pueda lograr más de lo que nunca creyó posible, si puede liberarse de la mentalidad negativa y se arriesga a soñar. Esto es particularmente cierto cuando los ríos de la capacidad de gestión no estén fluyendo sin problemas.

"Quien tenga rabo de paja, que no se arrime al fuego." Quien acuño este dicho conocía este principio del liderazgo: Es riesgoso. Todo camino a la oportunidad tiene algunos badenes. Los planes fracasan. El dinero se vuelve escaso. Los mercados cambian. Los aliados nos abandonan. Pero los grandes líderes tienen éxito de todos modos. Han aprendido a aceptar los riesgos, a recuperarse de los fracasos y a seguir trabajando hacia una meta.

La vida no viene con una garantía de reembolso, ni tampoco un sueño. Si usted quiere perseguir el suyo, tendrá que aceptar algunos riesgos. Todo proyecto exitoso tiene un factor de riesgo. ¿Cómo puede usted saber que los riesgos valen la pena? Las peguntas que siguen a continuación le ayudarán a evaluar la conveniencia de cualquier empresa:

1. ¿Qué es lo peor que pudiera suceder?

Lo peor probablemente no sucederá, pero usted debe estar preparado en caso de que ocurra. Como emprendedor, usted debe estar dispuesto a perder toda su inversión; eso pudiera suceder. Si su objetivo es conquistar el monte Everest, debe estar preparado para perder la vida; algunos la han perdido. Si usted no puede aceptar el peor resultado posible, entonces el riesgo es demasiado grande. Cuando usted sabe lo que está dispuesto a perder, sabe lo que puede permitirse perder.

Nos guste o no, la Ley de Murphy está aquí para quedarse. Por muchas razones, incluyendo los seguidores carnales, hay una trampilla o escotillón a lo largo del camino. Esa trampilla puede estar abierta o no, pero vale la pena pensar que puede estarlo. Esto no es una manera negativa de pensar; más bien, es una manera positiva de planificar.

2. ¿Qué es lo más probable que sucederá?

La mayoría de los líderes que fracasan lo hacen porque sobrestiman la posibilidad de éxito y subestiman la posibilidad de fracasar. Hágase algunas preguntas difíciles antes de empezar. ¿Qué tan realistas son los objetivos? ¿Qué tan confiables son los datos que está utilizando? ¿Quién intentó hacer esto antes, y con qué resultado? ¿Cuáles son las trampas, y qué haremos para evitarlas?

Esta última pregunta es difícil de responder porque no se puede conocer el futuro. Pero si usted puede saber que su plan tiene un 75% de posibilidad de éxito, es posible que esté más dispuesto a arriesgar su tiempo u otros recursos. A usted le corresponde ensamblar el plan (con la guía del Espíritu Santo). Hay suficientes ejemplos en el liderazgo cristiano para permitirle poner en marcha un plan razonable. Los éxitos y los fracasos son bien conocidos. A partir de ellos, es posible concluir que A + B resultará muy probablemente en C.

3. ¿Cuál es mi plan de contingencia?

Aun cuando lo peor no suceda, probablemente algo inesperado pasará. ¿Qué "operación de auxilio" ha incluido usted en su manual de liderazgo? ¿Cómo va a responder si pierde su financiamiento? ¿Qué sucederá si no cumple con sus objetivos del primer trimestre? ¿Cuál puede sustituir a un miembro clave del equipo si se enferma? Si usted no hace planes para vencer una crisis, la crisis lo vencerá a usted.

Casi todo proyecto de construcción tiene incluida la pregunta: "¿Qué pasará si…?" Su tarea como líder cristiano es buscarla en los planos. Luego, planifique en cuanto a esto en caso de que se solidifique, como las huellas de pisadas en el cemento.

¿Cuál es la fuente alterna de financiamiento? ¿A quién puedo dirigirme si un miembro del equipo se retira? ¿Quién puede dar dirección en una situación de crisis? ¿Cuál es mi plan B?

Charles Lindbergh dijo: "Una vida sin riesgos no merece ser vivida." Él sabía que para tener éxito en cualquier cosa, hay que estar dispuesto a arriesgarse. Si usted sabe qué puede suceder, qué hará al respecto, y cuánto está dispuesto a perder, estará en una buena posición para evaluar bien el riesgo.

55

Cómo liderar en tiempos de incertidumbre

En el liderazgo de la iglesia, es posible que un minuto sea usted el invitado de honor en la mesa principal, ¡y que en el siguiente le muestren la puerta! Los malentendidos, los pasos en falso y los errores de comunicación, pueden hacer del liderazgo una zona de construcción peligrosa.

Usted debiera recibir una medalla de reconocimiento por aprender a hacerle frente a la adversidad, pero probablemente no será así. Usted recibirá otra serie de órdenes de movilización para otro problema que necesita su atención, otra situación que requiere todo el tacto, toda la sabiduría y toda la paciencia que puede exprimirle a ese último nervio.

¡Pero usted puede hacerlo! Fue por eso que Dios le llamó a la posición de liderazgo que tiene ahora.

Cambio de rumbo es un término de navegación. Significa alterar el curso de una embarcación cuando se navega a vela de modo que el viento mueva a la nave en la dirección contraria. Cualquier marinero de fin de semana conoce la sensación de tener que hacer un giro brusco para aprovechar el cambio de dirección del viento.

Como líder, ¿estuvo usted alguna vez atrapado en los vientos de un cambio de rumbo repentino?

La buena noticia es que los vientos de la adversidad a menudo causan una corriente ascendente positiva. Las personas empiezan a comunicarse, hay confrontación de ideas, comienzan a aflorar soluciones, y se conocen las agendas ocultas.

El líder vibrante aprende a hacer buen uso del cambio de rumbo. Aprende a utilizar la adversidad para sacarle provecho, y la embarcación sigue navegando. He aquí algunos "consejos de navegación".

1. Ore primero

El líder cristiano debe considerar la oración como su primer recurso. No debe ser lo último en su lista de cosas por hacer. Por lo general, cuando llega la adversidad el líder se encuentra en un estado espiritual tan debilitado que eso afecta cada una de las actitudes o acciones que siguen.

2. Examine su corazón

Cuando David oró, diciendo: "Examíname, oh Dios," estaba en un rol de liderazgo. Esto es un buen ejemplo para todo líder cristiano. Esté abierto al control del Espíritu Santo. Los líderes no siempre actúan de manera correcta, pero están prestos para reconocer sus debilidades. ¿Hay algunas áreas de su vida que pudieran estar alimentando el fuego? El Espíritu Santo es fiel para guiar el corazón del que ama el liderazgo.

3. Sea pro-activo

La adversidad es a menudo el resultado de la apatía. Alguien ha bajado la guardia. Alguien no ha tomado la iniciativa conveniente. Las acciones críticas no tienen que ser decisiones rápidas; sólo tienen que ser firmes.

4. Acepte el cambio

Cuando un líder tiene la actitud de "lo haces como yo digo o te vas de aquí", los "liderados" por lo general se van. La disposición de hacer sacrificios personales para la causa mayor del Reino de Dios es una característica del verdadero liderazgo.

Y algunos de estos sacrificios incluyen la palabra "cambio". Cuando los vientos cambian de repente, cuando se produce un cambio inesperado, será necesario hacer todos los esfuerzos personales por mantener la nave a flote, incluyendo, o bien intentar cosas nuevas, o bien remodelar las viejas.

5. Mantenga una actitud positiva

La fe funciona mejor bajo el fuego. Refleja la fragancia de Cristo, incluso en un campo de malas hierbas. Una sonrisa constante. Un saludo cordial. Un reconocimiento sincero. Un respeto auténtico a los demás. Hay maneras positivas de convertir lo negativo en positivo.

Las correcciones de rumbo son comunes para quienes desean dar lo mejor de sí mismos.

El 11 de septiembre de 2001, los repentinos y horribles vientos de la adversidad cambiaron el rumbo de casi todos. Los corazones necesitaban aliento. Había que levantar la esperanza como una bandera sobre los escombros en llamas de una nación tomada por sorpresa por una explosión de ira incontenible. Las iglesias y sus líderes se apresuraron a ayudar, utilizando a la misma adversidad para predicar los beneficios de la fe.

La adversidad trajo una atención repentina a la esencia de su misión. Las iglesias se llenaron pronto con corazones que buscaban a Dios, y los pastores y los maestros tenían un mensaje que dar. En vez de sucumbir a los acontecimientos, obreros cristianos estuvieron a la altura de la ocasión, dando vasos de agua fría, brindando consejo espiritual a los apesadumbrados, usando sus energías para reconstruir vidas destrozadas, compartiendo recursos con quienes habían sufrido desgracias.

La adversidad es una llamada de advertencia a los líderes. Dobléguese ante ella, y su vida estará llena de ansiedad y de inutilidad. Ajústese a ella y podrá tener éxito, incluso en los peores momentos.

Parte 5

La enseñanza

Señor, haz de mí un hombre para las crisis.
No me dejes ser una señal en un solo camino,
Sino hazme una encrucijada para que los hombres tengan que darse vuelta
de una manera u otra y vean a Cristo en mí.
– Jim Elliot

A este Cristo proclamamos, aconsejando y enseñando con toda sabiduría
a todos los seres humanos, para presentarlos a todos perfectos en él.
Con este fin trabajo y lucho fortalecido por el poder de Cristo
que obra en mí.
– Colosenses 1.28, 29 NVI

56

Cómo utilizar a otros para llevar a cabo la visión

Estuvo usted alguna vez sentado en un automóvil con las luces de emergencia encendidas, esperando que alguien le trajera un tanque de gasolina? A mí me ha pasado. Es una de las situaciones más tristes en este mundo. No se trata simplemente del inconveniente que le causó a quien vino a socorrerle; es la vergüenza de darnos cuenta de que no hicimos la provisión suficiente de recursos para el viaje.

Muchos líderes viajan con tan poca gasolina que ni siquiera se les enciende la luz de alerta en la consola del vehículo. Pero la pérdida de potencia no es el único problema. Los líderes también fallan en pasar tiempo valioso con sus seres amados y sus amigos. A menudo pierden la oportunidad de descansar y relajarse. Muchas veces sufren da agotamiento o se subordinan a tentaciones que, de lo contrario, serían lo suficientemente fuertes para resistir.

Tiene que haber una manera de hacer avanzar una organización sin que su líder se quede atrás. Los líderes deben entender que Dios ha dotado a otros con habilidades que necesitan ser afinadas y utilizadas en la comunidad de fe.

El liderazgo no tiene que ver con causar una impresión una sola vez o alcanzar apenas una sola meta. Tiene que ver con la eternidad. Se trata de marcar la diferencia para Cristo y su iglesia. ¿Cómo? Llevando a cabo la misión por medio de la participación de otros.

Para tener éxito a largo plazo, los líderes deben evitar la trampa de hacer más, y aprender a hacer menos cosas, pero más eficientemente. Sugiero un método 3-D: designar, delegar y disociar, el liderazgo tridimensional.

1. Designar

Todo lo que usted hace para el Reino de Dios es importante, pero no hay que hacerlo todo al mismo tiempo. En el área de los bienes raíces, es la ubicación. En la gerencia, es la delegación. Todo líder necesita asignar un nivel de prioridad a su trabajo. Cada sistema de gerencia recomienda esta práctica, pero a menudo es ignorado. Ya sea que utilice archivos A-B-C, archivadores rotulados, o programas PDA (asistencia digital personal), de alguna manera debe evitar poner todo el trabajo en la misma computadora. ¡Desígnelo!

La prioridad número uno es los asuntos que necesiten atención inmediata. Este es el trabajo que pondrá en peligro su eficiencia si no lo realiza. Puede ser un cronograma que necesite ser completado, un comité que necesita ser formado, un correo electrónico que necesita ser enviado, y lo más importante: una salida por la noche con su cónyuge o sus hijos. Este es el asunto esencial.

La prioridad número dos es el trabajo que necesita atención en un futuro cercano. Estas cosas tienen que hacerse, pero hay menos urgencia en cuanto a ellas. El tiempo para tener un retiro personal, la investigación para un proyecto de libro, o un cena con un colega. Son actividades esenciales, pero no prioridades.

La prioridad número tres es el trabajo que tiene cierto valor, pero no es vital. Es cualquier asunto que le gustaría realizar, pero que no afectará su misión si no lo hace. Puede ser inscribirse para tener una clase de noche que le ayude a mejorar la práctica de un hobby; puede ser un recorrido por las nuevas instalaciones de un colega; o puede ser la clasificación de libros en su biblioteca personal. El sol no se quedará inmóvil si no es el primer asunto en su agenda de cada día, pero al menos está en su agenda.

Cuando usted haya designado sus tareas como prioridad uno, dos o tres, tendrá todavía la misma cantidad de trabajo que hacer. Pero, por haberlo priorizado, será más eficiente.

2. Delegar

Decida cuál de sus tareas pueden ser hechas por otra persona. Como líder, usted debe estar dispuesto a involucrar a otros en su trabajo. Su verdadera tarea, después de todo, es desarrollar y dirigir a otros en el logro de las prioridades del Reino de Dios. Y cuando usted involucra a otros en su trabajo, hay un beneficio que no se ve: esas personas llegan a ser libres para hacer uso de los dones que Dios les ha dado. Una bendición adicional es que pasará tiempo con ellas, ayudándolas a comprender la visión que usted tiene en cuanto al ministerio, y además su accesibilidad como amigo y mentor.

Pero para delegar eficientemente, usted debe transferir la responsabilidad de la tarea, comunicar claramente las expectativas, convenir en un plazo para la realización del trabajo, y recompensar debidamente los resultados.

3. Disociar

Ahora viene la parte difícil: relajarse. Cuando usted ha delegado correctamente, las cosas funcionarán tan bien, o probablemente mejor, de haber usted conservado el control total. Por su propio bien, aprenda a dar a sus subordinados y compañeros de trabajo libertad para que utilicen las habilidades que tienen. Permítales ser creativos y también responsables de los resultados. De esta manera, ellos crecerán, la organización crecerá, y usted estará libre para hacer otras cosas.

Si usted es un líder eficiente, tendrá constantemente más ideas de las que podrá ocuparse. El corazón y la mente del líder están continuamente yendo en pos de una trayectoria de excelencia en el ministerio. ¿Cómo puede usted mantener a la vez una eficiencia máxima y un ritmo capaz de sobrevivir? Designe, delegue y disocie.

Domine las tres D, y tendrá éxito a largo plazo.

57

Cómo inspirar a otros para que triunfen

Allí estaba ella de pie haciendo cola en la oficina de correos, una larga cola que casi se extendía hasta la puerta delantera. Otro cliente le dijo a la anciana que esperaba comprar algunas estampillas: "Señora, usted debe estar muy cansada. ¿Sabía que hay una máquina dispensadora de estampillas allá en la esquina?" Entonces le señaló la máquina empotrada en la pared.

"Bueno, si, gracias," respondió la dama, "pero voy a esperar aquí un poquito más de tiempo. Ya estoy cerca de la ventanilla."

El cliente insistió: "Pero sería más fácil para usted evitar esta larga cola si compra sus estampillas en la máquina."

La mujer le dio una palmadita en el brazo, y respondió: "Oh, lo sé. Pero esa vieja máquina nunca me preguntaría como les está yendo a mis nietos."

Los líderes harían bien en pasar menos tiempo en la maquinaria de la organización, y más tiempo con las personas de la organización. Recuerda esto: las personas no sudarán, no invertirán o no se arriesgarán por una organización. Pero se extenderán más allá de sí mismas para tener relaciones humanas.

¡Las personas son lo primero!

A las naves espaciales no las construyen superhéroes. Las fabrican personas comunes que han recibido la capacitación adecuada, las habilidades y el equipo para hacer el trabajo. Los líderes son los que reúnen a personas y recursos para que lleven a cabo algo extraordinario.

Los líderes realizan su trabajo por medio de otros. Eso significa que una tarea fundamental de todo líder es sacar a relucir lo mejor que hay en las personas que los rodean, inspirándolas a extenderse más allá de sí mismas. Los líderes preparan, motivan y dirigen el trabajo de sus equipos.

He aquí algunas ideas sobre cómo motivar a otros para que alcancen las estrellas.

1. Enfocarse en el crecimiento espiritual del equipo

Los líderes no son solo mánagers. También son pastores. ¡Cualquier esfuerzo para estimular el crecimiento espiritual del equipo es tiempo más que bien utilizado! Su equipo se encuentra en un viaje espiritual, no en un fatigoso recorrido organizacional. Necesitan dirección. Necesitan recibir orientación pastoral, capacitación bíblica y evaluación de sus dones.

2. Conectar a los miembros más débiles con los más fuertes

Bernabé fue un gran inspirador en la iglesia del Nuevo Testamento. Pero incluso él necesitaba un apoyo. Sabía que otro miembro de su equipo local tenía las fuerzas que se necesitaban para su trabajo. "Después fue Bernabé a Tarso para buscar a Saulo; y hallándole, le trajo a Antioquía" (Hch 11.25, 26).

Una manera efectiva de capacitar a los líderes es por medio de un período de aprendizaje, conectando a los principales con los veteranos. Las habilidades del liderazgo son como los gérmenes: ¡se mantienen en las personas que los tienen, y muy pronto los tendrá usted también!

3. Hacer un compromiso de largo plazo con el equipo

Los miembros del equipo necesitan saber si el compromiso del líder es para mucho tiempo. Por supuesto, su "período de servicio" depende de la dirección del Espíritu Santo, pero su equipo tiene que sentir que usted estará allí por el tiempo que sea necesario. Los compromisos de corto plazo frustran los esfuerzos del equipo. Durante todo un año, Bernabé y Saulo se reunieron con la iglesia en Antioquía, y enseñaron a un gran número de personas. De hecho, fue en esa ciudad que los discípulos llamados "cristianos" por primera vez. El compromiso de largo plazo de esos líderes resultó en una victoria. ¡Los seguidores de una religión se convirtieron en seguidos de Cristo!

Siga adelante con su equipo. Su compromiso hará más que influir en ellos; los inspirará.

4. Mantener la mirada hacia arriba

Todo equipo se desanima de vez en cuando. Cuando eso sucede, la actitud del líder supone la diferencia entre el éxito o el fracaso. Los líderes que inspiran se mantienen mirando hacia arriba. Los líderes espirituales que inspiran están asidos firmemente a las promesas y al poder de Dios. Son estudiantes de la Palabra. Son adoradores. Son lectores de buenos libros sobre el liderazgo.

Los líderes que inspiran han creído en la Gran Comisión, en el Gran Mandamiento, y el Gran Compromiso ("Yo soy la vid, vosotros los pámpanos; el que permanece en mí, y yo en él, éste lleva mucho fruto; porque separados de mí nada podéis hacer," Jn 15.5). Mantienen un enfoque positivo, buscando siempre la manera de sacarle provecho a las adversidades.

5. Esperar lo mejor

La mayoría de los equipos se desempeñan por encima o por debajo de lo que se espera de ellos. Si un líder acepta las excusas, o peor aun, si las inventa, el equipo nunca alcanzará su potencial. Un gran líder siempre espera lo mejor.

Fíjese bien en los miembros de su equipo. Es verdad que son hombres y mujeres comunes y corrientes, pero pueden hacer cosas extraordinarias si el líder correcto los prepara, los motiva y los guía a la victoria.

58

Cómo convertirse en un líder que inspire confianza

Si usted ha visto alguna vez una carrera de automóviles, sabrá que a los motores se les exige el máximo de su rendimiento. (Lo mismo sucede con los líderes cristianos.) Se necesita un motor muy calibrado para girar más de 9.000 revoluciones por minutos y producir hasta 800 caballos de potencia. Y también se necesita un líder muy calibrado para enfrentar las exigencias de estos tiempos.

Los líderes no pueden ir por este mundo tan estresante sin tener un momento de alto rendimiento, es decir, un corazón enteramente consagrado a Cristo y totalmente decidido a mantener en forma su cuerpo, su alma y su mente. Si vamos a liderar, tenemos que seguir al Líder. Eso requerirá mantenimiento preventivo regular en la forma de autoexamen, tiempo dedicado a la oración, y la práctica de rendir cuentas de la conducta cristiana.

En las carreras de autos, la buena calibración hace la diferencia entre llegar a la meta o abandonar. Lo que es cierto en la pista de carreras también es cierto en el mundo. Como líderes, necesitamos mantener nuestra vida espiritual en ajuste perfecto. He aquí algunos consejos para vivir para Cristo en una sociedad que parece a menudo estar dando vueltas en círculo.

1. Manténgase alerta espiritualmente

Comience el día con una "reunión de equipo". ¡Qué maravilloso privilegio es enfrentar el día con la conciencia de haber tenido una reunión con el Padre, el Hijo y el Espíritu Santo! Pastor, Dios tiene algo que decirle sobre cada actividad de su día. Lea su Palabra. La Biblia es una lumbrera para nuestro camino. Manténgase alerta, con un corazón lleno de la verdad de Dios.

Hable con Dios en oración antes de hablar con alguien. Usted puede ser todo un campeón corriendo con ocho cilindros de poder celestial. Alábele por el descanso de la noche (incluso si perdió un poco de sueño). Alábele por la promesa de su presencia, y por el poder que le dará para realizar sus actividades del día. Alábele por su familia y por sus amigos. Y alábele por poner la suficiente confianza en usted al darle la responsabilidad de contribuir a edificar su reino en la Tierra.

Esa no será su única reunión, por supuesto. Usted puede orar de rodillas, y también puede orar de pie. La comunicación constante con el cuartel general celestial le dará más sabiduría y fuerzas para el día. ¡Nada se iguala con la oración y el estudio de la Biblia!

2. Enfóquese en el futuro

Un veterano del Nuevo Testamento dio este precioso ejemplo: "Olvidando ciertamente lo que queda atrás, y extendiéndome a lo que está delante, prosigo a la meta, al premio del supremo llamamiento de Dios en Cristo Jesús" (Fil 3.13, 14). El apóstol Pablo sabía que la victoria final le pertenece a los fieles, no a los temerosos. Estarse lamentando por los errores no es más que perder el tiempo.

Si usted quiere tener un corazón de alto rendimiento, enfóquese en el futuro. Si su pasado ha sido perdonado, ya está olvidado. El enemigo de su fe, el diablo, es un gran historiador. Se deleita en exhibir el pasado en el tablero de mensajes de su corazón. No se lo permita. Jesús es un futurista, no un historiador. Él le perdonó su pasado para que pueda tener un futuro brillante.

3. Dese a los demás

Nos gusta acumular cosas. Cuando conseguimos un poco de dinero, posición, poder o reconocimiento, por lo general nos guardamos esas cosas para nosotros mismos. Cuando usted llegue a la conclusión de que se gana más dando, aventajará a muchas personas que se llaman a sí mismas cristianas. ¿Por dónde comenzar? Por el plato de las ofrendas. Comience con el diezmo como mínimo. Ese diez por ciento no es realmente suyo; es de Dios. La chequera es uno de los primeros lugares en que hay que mirar si no están fluyendo las bendiciones.

Esté dispuesto a darse en servicio a los demás. El ministerio no siempre se reduce a lo que se hace en el púlpito o en la cabecera de la mesa de la sala de reuniones de la junta. El ministerio se realiza, con frecuencia, en el traspatio de la casa de una persona que vive confinada por alguna enfermedad o minusvalía. El ministerio, a veces, hace un viaje extra al supermercado para buscar algunos comestibles que alimentarán a una familia necesitada. La generosidad es el distintivo de un ganador, en el trabajo, el hogar y en cualquier otro lugar de la vida.

4. Tenga cuidado con sus ojos

En nuestro mundo de hoy, los expertos en publicidad saben que el sexo vende. ¡Pero también es un comprador! El sexo sin amor y sin el voto de fidelidad siempre quita; nunca da la intimidad que promete. Está vacío de la intención original de Dios en cuanto a la satisfacción sexual humana.

Es por eso que los corazones de alto rendimiento evitan las apariencias y las miradas tentadoras. Los líderes piadosos han hecho un trato con sus ojos; se niegan a ver imágenes que tienen solamente una intención sexual. Dicen no cuando otros dicen sí.

Los corazones de alto rendimiento también tienen el control de sus computadoras. No permanecen en salas de chat que ofrecen oportunidades de involucrarse en una conversación peligrosa con el sexo opuesto. No visitan sitios web pornográficos. No se dejan engañar por un mundo que busca mantenerlos en la esclavitud espiritual y también financiera. Protegen su matrimonio protegiendo sus corazones.

5. Mantienen la fe

En ocasiones, una poderosa máquina de carreras puede ser vista al final de una gran carrera moviéndose tan lentamente como un paquidermo con una torcedura en el tobillo. ¿Por qué razón? Porque se quedó sin combustible.

Muchos corredores de este mundo han terminado de la misma manera. Su carácter no tuvo la combinación correcta de coraje y determinación. Corrieron demasiado duro durante demasiado tiempo, desatendiendo su vida espiritual. Los grandes líderes evitan esa trampa. Consagran su vida entera a realizar la tarea que Dios les ha dado.

Los ganadores hacen el compromiso de llegar hasta el final. Hacen planes para pasar un tiempo de calidad con el Señor. Hacen planes para manejar el estrés y la ira. Prestan atención a su salud física. Gastan el dinero con prudencia.

Tome decisiones correctas en cuanto a su tiempo, su dinero y su atención, y será un líder productivo durante muchos años.

59

Cómo dirigir el trabajo de otros

Un trabajador es responsable de una cosa. El líder es responsable de todo. Los líderes son expertos en el manejo de una gran cantidad de detalles. Los líderes más exitosos son siempre los mejor organizados. Las agendas, los programas de manejo de proyecto, y los celulares inteligentes no son ardides o artificios. Son las herramientas de la profesión de un líder exitoso. Si usted puede seguir la pista y supervisar el trabajo de muchas personas, multiplicará su propia eficiencia, y verá mayor resultados.

Los pastores no solo necesitan predicar y enseñar; deben también estar bien organizados. El siglo XXI hace altas exigencias al profesional del ministerio. Más allá de compartir un pensamiento devocional, la destreza para predicar no es tan importante en una reunión de la junta directiva o en una reunión de iglesia. Los pastores necesitan saber como planificar proyectos, y saber cómo manejarlos. Necesitan proporcionar estructura a una organización, una estructura lo suficientemente fuerte que la mantendrá en pie cuando comiencen a soplar los vientos de la adversidad.

Organizar es algo natural para ciertas personas, mientras que a otras les resulta difícil reunir suficientes recursos aun para hacer las cosas más sencillas. Mi opinión es que hasta los desorganizados pueden llegar a ser organizados. Hay varios pasos importantes en la transición.

1. Sepa a dónde ir

Ninguna persona responsable del éxito de toda una organización puede guardar toda la información importante en su cabeza. Pero si pueden tenerla al alcance de la mano. Los líderes pueden tener una pésima memoria, siempre y cuando puedan recordar una cosa: dónde buscar la respuesta. Los sistemas de manejo de datos, los sistemas de archivo, y los asistentes despiadadamente organizados son los mejores amigos de un líder. Cree un sistema para organizar la información, y póngalo a funcionar.

El manejo de la información está siempre evolucionando. Hemos venido de la almohadilla y el lápiz, al asistente digital personal. Los administradores han dado el salto de paredes llenas de archivadores, a los discos duros de las computadoras llenos de datos y cifras. Por supuesto, algunos han sido arrastrados pateando y gritando a la era de Internet, pero una vez que han metido los pies en la tecnología, están más que dispuestos a zambullirse. Las máquinas de escribir eléctricas se han vuelto tan obsoletas como el papel carbón. Y los administradores que se niegan a utilizar las nuevas tecnologías pueden convertirse rápidamente en parte de la era de los dinosaurios.

Usted probablemente ha dado el salto. Pero en caso de que no haya dado el salto, recuerde que hay personas dentro de su iglesia u organización que sí lo han hecho. Encuéntrelas, oriéntelas, y luego utilícelas para la gloria de Dios y para la edificación de su reino.

2. Haga un plan

Está comprobado. Si usted falla en planificar, planifica fallar. Los líderes que comienzan el día, la semana o el año sin metas y objetivos cuidadosamente elaborados, terminarán exactamente donde comenzaron: en ninguna parte.

Haga una lista de las metas para su vida, y organícelas por orden de importancia. Haga lo mismo para el año.

Haga una lista de tareas para cada día. No ataque su ambición sin una estrategia. Planifique para tener éxito.

Hay una fabulosa oportunidad que le espera. Hay una cabaña en la montaña, una habitación cerca del mar... hay un lugar esperando para que usted lo habite, junto con su Biblia, su agenda, y su pluma o grabadora. Es el retiro de planificación. Es el lugar donde usted puede poner sus sueños en acción. El lugar donde el Espíritu Santo puede llenar su mente y su corazón con una visión para tomar acciones espirituales y organizacionales audaces.

¿No tiene tiempo para estar a solas con Dios y planificar? Ponga ese tiempo de planificación en su agenda. Usted no construiría un rascacielos sin unos planos; entonces, ¿por qué intentar ayudar a Dios en la edificación del Reino sin un plano? Jesús demostró que Él era el más grande organizador de todos los tiempos al llevar a cabo, en solo treinta y seis meses, toda la misión que su Padre le dio. ¡No es de extrañar que pasara todas esas horas en la montaña orando!

3. Ponga el plan en acción

Muchos líderes comienzan el día con buenas intenciones, pero pronto alguna distracción o problema lo saca del carril. El teléfono suena. Un correo electrónico salta a la vista. Un colega se presenta de improviso para hablar de algunos temas. De repente, el día se le ha ido.

¡Retómelo! Después que haya planificado su tiempo, ponga en acción el plan. Diga no a cualquier distracción, a menos que se trate de una emergencia. La mayoría de las tareas "urgentes" que le causan interrupciones en el día probablemente no son importantes. Ignórelas. Cíñase al plan.

4. Utilice a otros

En el pasado, los granjeros araban unciendo a dos bueyes. Por estar atados juntos, no tenían más remedio que tirar juntos. Los buenos líderes tienen la capacidad de organizar el trabajo de otros para sacar el máximo provecho. Estos líderes controlan no solamente su propio tiempo, sino también el tiempo y la eficiencia de sus compañeros de equipo.

Alguien que usted conoce está esperando para aprender lo que usted sabe. Usted no solamente es un pastor; es un maestro, un mentor cuya misión es transmitir todo lo que sabe a la vida de los líderes futuros. Comience a hacerlo ahora mismo. Deje que Dios le guíe a esa persona que tiene el potencial para ser un gran líder, y comience a invertir en ella.

La organización no solo es necesaria para multiplicar la realización de tareas; es una cualidad decisiva para un liderazgo exitoso. Los gerentes modernos deben ser expertos en cómo encontrar información, manejar los recursos y utilizar la energía de otros

60

Cualidades de un mentor

Ninguna otra figura del siglo I fue un modelo de liderazgo como el apóstol Pablo. Tal vez la más importante calidad de su liderazgo fue su enfoque en el liderazgo de las *personas* en vez de las *organizaciones.* La organización de la iglesia del primer siglo descansó sobre hombros muy humanos de personas inspiradas que fueron seleccionadas, fortalecidas en su fe, y disciplinadas en el ministerio por otros líderes. La conclusión es ésta: El liderazgo es influencia.

Pablo sabía cómo capacitar líderes, derramando su amor por el Señor en los corazones y las mentes de ellos. Les enseñó las prioridades espirituales, y también las cualidades del liderazgo. Ellos, a su vez, utilizaban las palabras de él para enseñar a otros. Utilizaron la vida de Pablo como una lección de grandeza cristiana. Los principios que él modeló de una manera tan efectiva, pueden aplicarse a toda denominación o iglesia local.

Uno de los métodos más efectivos del liderazgo de Pablo fue la enseñanza. Antes de que Timoteo se convirtiera en un gran pastor, fue un gran alumno, un discípulo de su mentor, el apóstol Pablo. Pablo conocía el principio de multiplicación del liderazgo. Siguiendo el ejemplo del Galileo, el apóstol sabía que él podía atrapar más peces enseñando a otros a pescar, que lanzando su solitario sedal en una multitud de boquetes espirituales.

La iglesia pos-moderna necesita un liderazgo cristiano que se invierta en la vida de otros, y que luego enseñe a los demás, con palabras y hechos, como ser un ejemplo en cuanto a vida y ministerio. El encargo del apóstol en cuanto a liderazgo no ha sido anulada: "Lo que has oído de mí ante muchos testigos, esto encarga a hombres fieles que sean idóneos para enseñar también a otros" (2 Ti 2.2). Tenemos la orden permanente de movilizar a líderes que alcancen a los perdidos, preparen a los creyentes y animen a la iglesia. La enseñanza es un método probado y comprobado para llevar a cabo esa tarea.

¿Qué es un mentor? Un mentor es un líder o instructor piadoso que ha consagrado tiempo y energías para compartir crecimiento personal y experiencias ministeriales y administrativas con un hijo o una hija espiritual, un creyente con dones espirituales evidentes y un espíritu dispuesto a aprender. Un buen ejemplo de este proceso lo vemos en la relación entre el apóstol Pablo y su hijo en la fe, Timoteo. "Timoteo, hijo mío, te doy este encargo porque tengo en cuenta las profecías que antes se hicieron acerca de ti. Deseo que, apoyado en ellas, pelees la buena batalla" (1 Ti 1.18 NVI).

La tarea de atraer y formar a los futuros líderes están en sus manos. Busque a alguien en su iglesia u organización que tenga aptitudes evidentes para el liderazgo. Es posible que esa persona no tenga actualmente una posición destacada. Quizás tiene pocas habilidades para actuar en la plataforma o en la sala de reuniones de la junta. Pero cuando se le asigna una tarea y un equipo de voluntarios, esa persona logra los objetivos especificados con facilidad y armonía.

He descubierto seis principios básicos para ser un mentor efectivo:

1. El conocimiento combinado con la experiencia es el mejor proceso para enseñar a otros

"Retén la forma de las sanas palabras que de mí oíste, en la fe y amor que es en Cristo Jesús" (2 Ti 1.13). Un mentor eficiente anima a los líderes potenciales con paciencia, guiándoles por medio de experiencias de aprendizaje constantes. Jesús aprendía en el templo escuchando a los maestros judíos, y en el taller de carpintería observando a su experto padre adoptivo, José. La mezcla más efectiva es una combinación de capacitación formal y experiencias de aprendizaje informales.

2. La vida personal del líder es la lección más grande

El desarrollo de líderes ejemplares se logra siendo modelos ejemplares en cuanto a liderazgo. ¡El *cómo* lo enseña mejor un *quién* de confianza! Pablo le recordó a Timoteo: "Doy gracias a Dios, a quien sirvo... como lo hicieron mis antepasados" (2 Ti 1.3 NVI). Alguien modeló el estilo de vida que Pablo desarrolló en la vida de otros.

3. Los mentores aúpan a otros

Los grandes líderes hacen que todos se sientan valiosos. Timoteo aprendía por el aliento que Pablo le daba en su trabajo. "Enviamos a Timoteo nuestro hermano, servidor de Dios y colaborador nuestro en el evangelio de Cristo, para confirmaros y exhortaros respecto a vuestra fe" (1 Ts 3.2). El aliento es un ingrediente vital en el proceso de formación de otros. Enviar una nota o un correo electrónico, hacer una rápida llamada telefónica, hacer una visita corta para dejarle saber a su discípulo "en voz alta" que aprecia sus esfuerzos son apenas algunas de las maneras como puede un mentor hacer una inversión en futuros líderes.

4. Los mentores necesitan hombros fuertes y oídos atentos

Pablo le recordó a la iglesia en Corinto su constante y tierna preocupación por ellos. "Sobre mí se agolpa cada día, la preocupación por todas las iglesias" (2 Co 11.28). ¿Quién sacó a la luz las mejores cualidades de usted? Probablemente alguien que se fijó en usted. Alguien que tuvo un hombro fuerte en quien pudo apoyarse, y que le escuchaba cuando nadie parecía que nadie más lo hacía.

5. Los mentores son transparentes

Pablo no tenía miedo de contar sus tragedias y también sus triunfos. "Tú, en cambio, has seguido paso a paso mis enseñanzas, mi manera de vivir, mi propósito, mi fe, mi paciencia, mi amor, mi constancia, mis persecuciones y mis sufrimientos... Y de todas ellas me libró el Señor" (2 Ti 3.10, 11 NVI). La predisposición para ver las cosas de manera positiva no ayudará a ver mejor a quienes el líder ha reclutado.

6. Los mentores son guardianes

"Timoteo, ¡cuida bien lo que se te ha confiado!" (1 Ti 6.20 NVI). Aun cuando le había enseñado esa verdad, entendía el peso de su propia custodia. A los mentores les toca también gemir bajo el peso de las crisis que puedan enfrentar sus alumnos. Pero también se deleitan al darse cuenta de la fidelidad del Señor. Los mentores se esfuerzan por combinar la intercesión con la instrucción en el poder del Espíritu Santo.

Uno de los grandes privilegios del líder es reproducir su ministerio por medio de la vida de otros. En realidad, ser un mentor es una de las formas más elevadas de ministerio.

61

Asumir la responsabilidad por el ministerio

"El precio de la grandeza es la responsabilidad," dijo Winston Churchill, y es verdad. Los grandes líderes actúan responsablemente. No necesitan que les digan cuando están equivocados. La mayoría de las veces, serán ellos quienes lo digan primero. Demuestran con sus propias vidas la honestidad personal que esperan de su equipo o de sus feligreses.

1. Los líderes asumen la responsabilidad por su desempeño

Los líderes no se ponen a la defensiva cuando se equivocan. No entregan sus credenciales cuando sus sermones son un fracaso. No renuncian después de cada reunión preocupante de la directiva de su iglesia. No pasan las noches preocupándose por sus días. Simplemente siguen adelante.

Entienden que preocuparse por quedar bien no es la única cosa en juego. El miembro del equipo que gasta una cantidad enorme de tiempo hablando de la última jugada es probablemente el que no hará la siguiente. Un buen líder está dispuesto a decir: "Esa fue mi culpa; ahora, sigamos adelante con lo nuestro."

2. Los líderes asumen la responsabilidad por sus actitudes

Están dispuestos a ver si están haciendo daño a la moral de alguien con sus críticas, exigencias o egoísmo. No quieren ser la arena que impida que la máquina funcione sin problemas. Están dispuestos a hacer un reajuste de su ego por el bien de su iglesia.

3. Los líderes asumen la responsabilidad por su vida personal

Los grandes líderes no tratan de separar su carácter de su carrera o de su ética. Viven de cinco a nueve, de la misma manera que viven de nueve a cinco. Tienen integridad. "Me equivoqué." "Lo siento." Son frases cortas, pero muy importantes para ellos. Los grandes líderes no dudan en decirlas cuando hay que hacerlo.

4. Los líderes asumen la responsabilidad por sus ministerios

El líder no trata de disculpar sus faltas. No le culpa al técnico de sonido cuando fue él mismo quien no le indicó la entrada. No censuran a otros por una interpretación musical que no salió muy bien. No esconden sus temores debajo de las piedras de la arrogancia o el orgullo.

5. Los líderes asumen la responsabilidad por sus familias

Muchos líderes han experimentado lo que es vivir en una casa de cristal. Han escuchado críticas a ellos mismos y a sus cónyuges. Por tanto, hacen todo lo posible por proteger a sus hijos de las heridas que ellos han sentido personalmente.

Los grandes líderes han aprendido a ser defensores de su familia. No disculpan las acciones o actitudes equivocadas de sus hijos, pero se niegan a permitir que los críticos les asfixien su vida. Enseñan a sus hijos por las lecciones que ellos mismos han aprendido en el liderazgo.

6. Los líderes asumen la responsabilidad por sus equipos

Saben que una cadena solamente es tan fuerte como su eslabón más débil, y que una caravana nunca se mueve más rápido que el camello más lento. Cuando los que les rodean tienen problemas de desempeño, se apresuran a notar y a ofrecer soluciones. Los mejores líderes nunca preguntan: "¿Qué es lo que te pasa?," sino siempre: "¿Cómo podemos hacerlo mejor?"

Los grandes líderes protegen a su equipo. Siempre están listos para defender los esfuerzos de su equipo, aun cuando esos estén muy lejos de la perfección. Están dispuestos a recibir los golpes por su equipo. Dispuestos a enfrentarse a los acusadores del equipo. Dispuestos a expresar o hacer algo diferente en una reunión de asuntos, si eso significa salvar una vida o una carrera.

7. Los líderes asumen la responsabilidad por los resultados

Su iglesia puede haber quedado por debajo de la meta de asistencia que se había propuesto alcanzar. Su iglesia puede haber quedado por debajo de la meta en cuanto a recaudación de fondos que se había fijado. Pero usted no les oirá decir: "Mi equipo me decepcionó," "Pude haberlo logrado, si solamente…," o "No fue mi culpa." Los grandes líderes saben que la responsabilidad final es de ellos. No señalan a nadie, ni le echan la culpa a otros; aceptan los resultados, y siguen adelante.

William Arthur Ward dijo: "Dios nos da los ingredientes para el pan nuestro de cada día, pero Él espera que nosotros lo horneemos." Los grandes líderes son personas que se arremangan para amasar el pan. Se les ha dado una responsabilidad, y están a la altura de ella.

Los grandes líderes dejan grandes legados. Enseñan con el ejemplo. Predican por medio de sus fracasos. Señalan el camino hacia la Cruz, en vez de hacerlo hacia ellos mismos. Sacan lo mejor de lo peor al dar a las personas espacio para creer más allá de lo que ellas son.

Los grandes líderes se parecen mucho a Cristo.

62

Consejos para crear un equipo

El humorista y escritor norteamericano Kin Hubbard dijo una vez: "La manera segura de doblar el dinero, es doblarlo una vez y ponerlo en el bolsillo." Ese puede ser (o no) un buen consejo financiero, pero en los círculos de liderazgo, la mejor manera de doblar la productividad e influencia es trabajar en equipo con otros.

Un entrenador ganador del *Super Bowl* respondió la pregunta que le hizo un curioso periodista en cuanto al gran éxito logrado, diciendo: "Soy un tipo ordinario rodeado de hombres extraordinarios."

A lo largo de la historia, los grandes líderes han tenido éxito porque descubrieron el valor del trabajo en equipo. La misión en que usted está involucrado es demasiado grande como para realizarla solo. Necesita un equipo sólido de hombres y mujeres que puedan captar su visión, comprometerse con la misión, y verla convertida en realidad.

Ya sea que usted lidere un grupo de dos, doscientos o dos mil, la Biblia presenta los principios siempre actuales para dirigir un equipo. Eche un vistazo a estos consejos para liderar con el Libro.

1. Comience con los mejores miembros del equipo

Si usted estuviera creando un equipo deportivo profesional, no buscaría jugadores de relevo de las filas de una universidad. Buscaría los más experimentados: Es lo mismo en cuanto al liderazgo de su iglesia. Busca los mejores. Por lo general, necesitará reclutar las personas más ocupadas de su iglesia. ¿Por qué razón? Porque si son competentes y gozan de confianza en otras áreas de su vida, lo más probable es que también estén calificadas para el ministerio. Los buenos equipos comienzan con buenos miembros.

Cuando los líderes de la Iglesia Primitiva necesitaron personal, buscaron personas llenas del Espíritu Santo. Usted no avanzará hacia su objetivo hasta que reclute a miembros de equipo que tengan un corazón recto, es decir, cuyos corazones estén bien con Dios. Reclute a personas de buena reputación. Nunca deje que la urgencia tenga prioridad sobre la integridad. Un río que fluye dentro de sus márgenes tiene dirección y propósito. Asegúrese de que todos los miembros de sus equipos estén "en el flujo", que tengan una consagración a Cristo, y que estén dispuestos a ser guiados por el Espíritu Santo.

2. Sea accesible a su equipo

Los miembros del equipo necesitan a menudo ayuda. Tal vez necesitan ayuda por medio de capacitación, de una descripción de trabajo, de un cronograma, o de equipamiento. En otras palabras, necesitan un líder que los ayuden a llegar a ser lo mejor para Dios.

Por ejemplo, los laicos cristianos de la iglesia neotestamentaria en Antioquía necesitaban ser alimentados. Estaban sufriendo de una deficiencia en su dieta espiritual. Pablo y Bernabé fueron enviados para corregir ciertos errores doctrinales. Es posible que usted tenga que instruir, corregir, capacitar e incluso reprender a miembros del equipo. Como líder, usted es un pastor. Y una responsabilidad del pastor es alimentar a las ovejas.

3. Sea un director para su equipo

En la televisión, el director de la planta es responsable de los movimientos de las cámaras y los actores. Las órdenes del director, transmitidas desde la cabina de producción arriba, harán la diferencia entre un programa tremendo y un caos tremendo.

Usted es el director para su equipo. Ellos están esperando sus señales. Necesitan conocer el libreto. Necesitan saber cómo moverse de manera coordinada. Sus instrucciones contribuirán al éxito de sus ministerios. Lánceles la visión. Mantenga la meta delante de ellos. Ubíquelos. Diríjalos.

4. Supervise a su equipo

Su equipo necesitará un mecanismo para conocer sus límites así como sus posibilidades. Su trabajo es fijar amorosamente y con paciencia esos límites.

El apóstol visitaba las iglesias donde había ministrado previamente. Necesitaba evaluar su condición espiritual. Necesitaba instruir a sus líderes. "Dar una vuelta" es una cualidad esencial de un líder. El control de calidad es una tarea vital para cualquier líder. Una cosa es dar a luz un equipo, pero otra es criarlo. Esa crianza requiere alimentación y supervisión. Requiere seguimiento y también conducción.

5. Motive a su equipo

Los profesionales de la industria, la educación y la ciencia saben cuán importante es mantenerse a la vanguardia. Los miembros de su equipo necesitan estar allí también. Inspírelos para que sean lo mejor posible. Desafíelos a tener éxito. Cuando estén cansados, déjelos descansar. Después, envíelos renovados. Usted no solo es un entrenador; también es un animador. Su equipo necesitará escuchar sus aplausos así como sus críticas. Ellos enfrentarán batallas en las que experimentarán la soledad. Ellos necesitan saber que alguien está con ellos, pase lo que pase. Ese es el trabajo de usted como líder.

Hay un gran triunfo en el trabajo en equipo. Lo que no se puede realizar con una sola persona, se puede lograr con un equipo.

63

Cómo definir el éxito en el ministerio

Cómo se mide el éxito? Hay muchas cosas que podemos utilizar para medir los logros. El dinero es un indicador. Los que tienen éxito en cualquier empresa suelen ser bendecidos financieramente. Eso se aplica también a las instituciones. El crecimiento es otro indicador del éxito. Si tenemos más concurrentes, más miembros, más clientes, o una matrícula más alta, entonces probablemente somos más exitosos.

Sin embargo, todos estos niveles de éxito no significan nada si no somos también exitosos en términos espirituales. ¿Qué significa para un líder cristiano ser exitoso? Pablo nos da la respuesta: "Lo que quiero es conocer a Cristo, sentir en mí el poder de su resurrección y la solidaridad en sus sufrimientos; haciéndome semejante a él en su muerte" (Fil 3.10 DHH).

Tenemos que decidir ser líderes exitosos en todos los sentidos. Queremos alcanzar el éxito financiero. Queremos sobresalir en el logro de nuestros objetivos. Queremos ser eficientes en el avance del reino de Cristo. Pero más que eso, necesitamos ser hombres y mujeres que se asemejen cada vez más a nuestro Maestro, Jesucristo.

Dios no es un Padre "guardián de buscadores". Él es el dador de toda buena dádiva y todo don perfecto, de acuerdo con Santiago. Su mayor regalo fue su único Hijo. Gracias a su amor por nosotros, Dios estuvo dispuesto a dar su posesión más querida para nuestro bien. Él dio, y nosotros cosechamos el beneficio eterno.

Ese mismo ciclo de dar puede hacerse realidad en nuestra vida de otras maneras. Dios promete suplir en respuesta a nuestro servicio. Recordemos lo que dijo Jesús: "Buscad primeramente el reino de Dios y su justicia, y todas estas cosas os serán añadidas" (Mt 6:33). Demos un vistazo a estas y otras leyes de la cosecha, para ver cómo se aplican a nuestra vida.

1. Cosechamos lo que sembramos

En la naturaleza, la cosecha viene solo después de la siembra. En el fútbol, el gol se produce después de la carrera o el pase. En la ciencia, el descubrimiento viene después del experimento. El esfuerzo produce el efecto. Lo mismo sucede en el dominio espiritual. La Biblia dice: "El malvado obtiene ganancias ilusorias; el que siembra justicia asegura su ganancia" (Pr 11.18 NVI).

En el reino de Dios, nuestras inversiones dan lugar a expectativas. Es un asunto de fe. Invertimos, y después confiamos en Dios en cuanto al rendimiento. Usted puede estar seguro de que ningún estado financiero en la Tierra reflejará jamás un mayor retorno de la inversión del que vamos a recibir de nuestro Padre Celestial.

Nuestros retornos no siempre se dan en dólares. Hay cosas más importantes que la recompensa monetaria: paz, amor, gozo, propósito, familia y capacidades. La lista de beneficios es casi interminable, pero todo comienza con nuestra inversión personal.

2. Cosechamos en el tiempo de Dios

El escritor de Eclesiastés dijo: "Todo tiene su tiempo, y todo lo que se quiere debajo del cielo tiene su hora" (Ec 3.1). En la esfera humana, por lo general estamos en un reloj de registro financiero predecible. Nos regimos por los informes trimestrales o de fin de año. Recibimos el cheque del sueldo cada dos semanas.

Pero Dios no se rige necesariamente por el mismo calendario. Él nos recompensa en "su tiempo". Primera de Pedro 5.6 dice: "Humillaos, pues, bajo la poderosa mano de Dios, para que él os exalte cuando fuere tiempo." Dios no está limitado por el tiempo o en espacio de la Tierra. Él mira más allá de lo inmediato al largo plazo. A través de la historia, sus profecías y sus promesas se han dado en el momento oportuno, y siempre justo a tiempo.

Dios sabe exactamente lo que usted necesita, y cuándo lo necesita. Es posible que no vea un retorno inmediato de una inversión que hizo de tiempo, talentos o dinero, pero el retorno llegará en el tiempo preciso, en el tiempo de Dios. La tarea de usted es seguir trabajando, y confiar en el Señor de la mies.

3. Cosechamos más de lo que sembramos

Jesús ilustró este principio de cosechar más de lo que sembramos en una de sus parábolas. Habló de la semilla que cayó en buena tierra, donde produjo una cosecha multiplicada por cien veces de lo que había sido sembrado (Véase Mt 13.8). Dios no nos recompensa con solamente lo que nos merecemos, o incluso con lo suficiente. Él siempre provee más.

Al final de un sermón que prediqué en cuanto a dar, prometí devolver a las personas su dinero en noventa días si Dios no bendecía sus diezmos. Un anciano se puso de pie, y dijo: "Pastor, yo descubrí el gozo de dar cuando tenía veinte y cinco años de edad, ¡y uno no puede dar más que Dios!" Luego ofreció un reembolso a cualquiera que no estuviera satisfecho, después de haber estado diezmando durante 180 días. ¡En los siete años que fui pastor de esa iglesia, nadie reclamó jamás el reembolso!

El cielo no se ha achicado. Los recursos de Dios no están sujetos a los recortes presupuestarios. Por tanto, si usted está esperando una recompensa por una inversión que hizo a favor del Reino, puede contar con que será espléndida. Jesús dijo: "Pues si vosotros, siendo malos, sabéis dar buenas dádivas a vuestros hijos, ¿cuánto más vuestro Padre celestial dará el Espíritu Santo a los que se lo pidan? (Lc 11.13).

Cuando usted invierte en el Salvador, los recursos de que dispondrá después son seguros. Las leyes de la cosecha siguen en vigor, y habrá una recompensa.

64

Inspirar a otros a soñar

Alguien escribió una vez: "He tenido muchos sueños que nunca se hicieron realidad. Los he visto desvanecer al rayar el alba. Pero, gracias a Dios, he entendido lo suficiente de mis sueños para seguir teniendo ganas de soñar."

Si lo que usted desea es una explicación culta, el diccionario dice que un sueño es una "creación visionaria de la imaginación," o una "meta o propósito fuertemente deseado". Pero si quiere una explicación culta envuelta en verdad eterna, la Palabra de Dios dice que un sueño es "la certeza de lo que se espera, la convicción de lo que no se ve" (He 11.1). (¡Oh, de paso, a eso también se le llama fe!)

Al observar la vida y el ministerio de mis amigos a través de los años, me he dado cuenta de que los verdaderos sobrevivientes fueron quienes se atrevieron a soñar. Fueron los fieles llenos de fe. A pesar de las limitaciones, la oposición, e incluso las inquisiciones, se negaron a abandonar el plan que Dios había sembrado en sus corazones.

1. Vieron un plan en el problema

Ellos se negaron a ver sus tareas, tan gigantescas como el monte Everest, sin pensar en una excursión a un monte o en una excavación de tierra para la construcción. Se negaron a ver un campo vacío, sin pensar en el trigo. Vieron los árboles caídos, y pensaron en cuánta madera haría falta para construir un templo. Tenían una buena comprensión de que Dios se especializa en cosas llamadas imposibles. "Y mirándolos Jesús, les dijo: Para los hombres esto es imposible; mas para Dios todo es posible" (Mt 19.26).

2. Vieron un camino que nadie había transitado antes

Con fe en su plan, se arriesgaron. Todo reto comienza con un sueño. Cada cosa, desde la electricidad hasta los juegos electrónicos, comenzó con un sueño y terminó con un desafío. Quienes han hecho algunas de las marcas más grandes en nuestras vidas han sufrido algunas de las magulladuras más grandes. Edison fracasó antes de "ver la luz". Bell se quedó mudo antes de marcar el número correcto. Sin embargo, estos inventores siguieron adelante. No tenían a nadie a quien seguir; ellos simplemente guiaron hacia un territorio desconocido. Los líderes del Antiguo Testamento también prepararon el terreno: "Cuando se levantaron por la mañana, salieron al desierto de Tecoa. Y mientras ellos salían, Josafat, estando en pie, dijo: Oídme, Judá y moradores de Jerusalén. Creed en Jehová vuestro Dios, y estaréis seguros; creed a sus profetas, y seréis prosperados" (2 Cr 20.20). Tenían una visión perfecta.

3. Se negaron a dar el gusto a sus críticos

Los críticos les dijeron que sus sueños fracasarían, pero eso no les importó. De todos modos, iban a ser puestos a prueba. Sus críticos no entendían su sueño o su plan. Solamente miraban el problema. No entendían que alguien con un sueño *y* con un desafío estaba dispuesto a arriesgarlo todo por algo mejor. Quienes han hecho las contribuciones más grandes se han negado a dar el gusto a sus críticos. Se negaron a vender sus planes en el mercado. Siguieron el consejo que dio Moisés a Israel frente a sus enemigos: "No les temas; recuerda bien lo que el SEÑOR tu Dios hizo contra el faraón y contra todo Egipto" (Dt 7.18).

4. Avanzaron con dificultad hasta que pudieron correr

Los sueños, por lo general, se llevan a cabo dando pasos pequeños. Trabajando laboriosamente, y a menudo con lentitud, se da comienzo al impulso que termina en una carrera a toda velocidad. Comprendían que los pequeños avances eran mejor que ningún avance. Así que siguieron adelante. A pesar de los obstáculos. A pesar de los tropiezos. A pesar del cansancio. Mantuvieron la planificación y siguieron poniendo sus planes en acción.

Como el salmista, aguantaron hasta el final: "Mis pasos se han mantenido firmes en tus senderos. No han resbalado mis pies" (Sal 17.5 LBLA).

5. Vieron un poder en el plan

Fueron personas que conectaron la máquina de sueños a la regleta de Pentecostés. Ellos creían realmente que iban a recibir una corriente de energía divina para llevar a cabo las cosas que Dios quería hacer en ellos, por medio de ellos, y a veces alrededor de ellos. Los planes, los caminos, e incluso los pasos lentos y laboriosos, permanecen siendo sueños hasta que el poder, el poder de Pentecostés, los cubre. Y ese poder sobrenatural viene de la oración focalizada. Los soñadores del Nuevo Testamento hicieron el descubrimiento: "Cuando hubieron orado, el lugar en que estaban congregados tembló; y todos fueron llenos del Espíritu Santo, y hablaban con denuedo la palabra de Dios" (Hch 431).

A todos, menos a esa maestra que ve a un estudiante durmiéndose en la fila de atrás, les gusta un soñador. Un estudio reveló que entre las personas que asisten a la iglesia, seis de cada diez quieren un líder pastoral que tenga una visión. De hecho, el sabio escritor advirtió: "Donde no hay visión, el pueblo se extravía" (Pr 29.18 NVI). No hay vida sostenible sin una mirada hacia adelante.

Por tanto, pastor, líder, siga soñando. Plante sus planes en las promesas de un Dios que no puede mentir, y que indudablemente no le fallará, aun cuando los vientos de la adversidad estén soplando con la fuerza de un huracán.

Tranquilícese. Si Dios te dio el plan, ¡Él pondrá su poder en ese plan!

65

Inspirar a otros a seguir

El naturalista francés Jean Henri Fabre llevó a cabo una vez un experimento con orugas de la procesionaria del pino. Estas orugas viajan juntas como una unidad, cada una unida a la que va delante. La oruga líder crea después un camino de seda mientras se desplaza, al que cada oruga ayuda luego a ampliar. Fabre hizo que las orugas subieran por el lado de un tiesto que había en su invernadero. Después que tuvo un número suficiente de ellas para formar un círculo completo alrededor del borde del tiesto, cortó la hilera. De repente, las orugas se quedaron sin un líder. Cada una de ellos se limitó a seguir a la que iba delante.

Fabre observó la hilera durante varios días, esperando que las orugas se dieran cuenta de que necesitaban comida y descanso, y que tenían que desviarse de su ruta de la seda. Pero nunca lo hicieron. Simplemente siguieron avanzando con mucho esfuerzo, siguiendo ciegamente a la otra, hasta que cayeron del tiesto víctimas del tiempo, el hambre y el agotamiento.

Pastor, usted tiene que ser el líder de su congregación. Por sí mismos, los miembros de su iglesia no tendrán la ambición de "romper filas" y llegar a la comunidad para ganar almas para Cristo. Ellos necesitan que usted siente la urgencia, fije la dirección y los dirija. Ellos necesitan que usted *lidere*.

No se puede liderar a la gente desde atrás. Usted puede empujarlas, pero no lo seguirán. Ese liderazgo generará resentimiento.

Usted no puede liderar a las personas desde el centro. Puede consolar o simpatizar con ellas, pero no lo respetarán como líder.

Usted tiene que liderar desde el frente. Solamente cuando está delante de los demás, puede moverlos hacia donde usted está. Eso es liderazgo.

Liderazgo es atraer a la gente a una causa más grande que ellos mismos, y motivarlos a utilizar su potencial para lograrlo. "Atraer a la gente" requiere que usted atraiga a otros hacia usted. Atraer a la gente "a una causa" significa que usted debe saber a dónde está yendo. Atraer a otros a una causa "más grande que ellos mismos" significa que usted debe tener un sentido de urgencia en cuanto al objetivo.

He aquí siete herramientas vitales para cualquier líder que espere atraer a otros a la misión.

1. Dé libertad a la gente para crear

Las personas deben tener libertad para probar cosas nuevas, para ser innovadoras. Como líder, usted debe darles la libertad de explorar. "Las cosas se hacen como yo digo, o se van," es un lema para el desastre.

Pero, ¿y si fallan? El fracaso es un problema normal de la creatividad. Pero los liderados necesitan saber que el fracaso no es inevitable. La conformidad mata. La iniciativa gana. Libere a su gente para que triunfen.

2. Dé libertad a la gente, no solo responsabilidades

Los líderes eficientes no supervisan hasta el último detalle. Saben cómo dar a los asociados la autoridad para tomar decisiones dentro de su ámbito de responsabilidades. Darles esa autoridad confirma el valor de los asociados y los libera para que triunfen. Maneje los resultados, no el proceso. Deje que los miembros del equipo tomen decisiones mientras hacen su trabajo.

3. Demuestre aprecio

Muéstreme una persona a la que no le gusta que la feliciten, ¡y le mostraré a una persona a la que no le gusta nada! Verbalice su gratitud por un trabajo bien hecho. Todas las personas son motivadas por el elogio de los demás. Deje que ese elogio venga de usted. Envíe notas de agradecimiento y correo electrónico o mensajes de texto alentadores. Sea generoso con las felicitaciones. Si un miembro del equipo es valioso para usted, hágaselo saber. Las personas están buscando una razón para trabajar con empeño. Déselas.

4. Reconozca los éxitos

El reconocimiento público es un gran impulso para el ministerio de calidad. No solamente reconoce el esfuerzo del trabajador, sino que también anima a quienes ven esto a ofrecerse como voluntarios para servir. Conclusión: Las personas se esfuerzan más en su trabajo cuando saben que están siendo observadas y apreciadas. Reconozca el éxito, y éste se repetirá. No haga caso de una victoria, y no volverá a suceder.

5. Involucre a la gente en lo que hace

El viejo modelo de liderazgo era de arriba hacia abajo. Había que tragarse las órdenes desde arriba, como se tragan las pastillas. El nuevo modelo de liderazgo está orientado hacia la participación.

Este modelo permite a las personas dar su contribución al ministerio tanto en la planificación como en la ejecución. Cuando los trabajadores sienten que están involucrados, apoyan el proyecto y están más dispuestos a ofrecer sus capacidades creativas. "Tenemos que tomar una decisión, y me gustaría tener tu opinión." El miembro del equipo que oye esas palabras seguirá la nueva dirección, sea que haya sido o no idea suya.

6. Rete a la gente

Anime a las personas a crecer. Ayúdelas a entender que sin un poco de sacrificio no hay beneficio. Pero debe también hacerles saber que están marcando la diferencia para la eternidad. Enséñeles que el rigor tiene sus recompensas.

7. Muestre compasión

Romanos 12.15 dice: "Gozaos con los que se gozan; llorad con los que lloran." Manténgase conectado. Ore por las necesidades de quienes trabajan para usted. Déjeles saber que usted realmente se preocupa por ellos, y también que se preocupa por sus familias. La compasión es un don crucial para el liderazgo.

¿Quiere usted liderar a las personas? Póngase al frente de ellas, inspírelas para que hagan cambios, y señale el camino. Las personas son atraídas por un buen líder. Sea uno de ellos, y ellas lo seguirán.

Parte 6

La comunicación

Me encantan un salón cómodo,
Un almohadón suave y un púlpito espléndido.
Pero ¿dónde está mi celo si no pisoteo todas esas cosas para salvar un alma más?
– Juan Wesley

No hay lenguaje, ni palabras, ni es oída su voz.
Por toda la tierra salió su voz,
Y hasta el extremo del mundo sus palabras.
– Salmo 19.3, 4

66

Habilidades esenciales en la predicación

Una iglesia puede crecer o decrecer según lo convincente que sea l predicación de su pastor. Como cualquier otra habilidad ministerial la predicación necesita su atención constante y su perfeccionamient continuo. Tanto el mensajero como el mensaje deben ser frescos para pode satisfacer las necesidades de su auditorio. He aquí algunas de las áreas d atención.

1. Busque la unción

La unción es como el viento. No puede verla, pero puede sentirla. No pued tocarla, pero puede ver sus efectos. La unción es el suave movimiento de Espíritu Santo a través de los ojos, los labios, las manos, los pies y el corazón de pastor. Es más importante que un escrito elaborado perfectamente. Tiene má influencia que un relato de hechos y filosofías. Impulsa a hombres y mujeres cambiar su *actitud* espiritual, así como su *altitud* espiritual.

El pastor con la pasión de tener poder espiritual para proclamar la verda bíblica es quien marca una diferencia en el Reino. Las personas se siente atraídas por el fuego. Un púlpito vivo con la verdad proclamada con esmero entusiasmo es el que atraerá a los corazones hambrientos.

Asegúrese de que la oración y estudio de la Palabra de Dios tengan priorida sobre los deberes administrativos. En el cuidado y mantenimiento de la iglesi habrá mil y unas demandas de sus minutos de cada día. Pero ningún deber e más importante que mantener vivo su corazón, y renovado su ministerio, por su encuentro cada día con el Maestro.

Reciba para poder dar, ¡o no dará nada! Es más fácil poner el cerebro en punto neutro y ver TV, o ponerse a jugar en la computadora, que leer un libro inspirador. Pero la verdad es que un momento con un pastor clásico o contemporáneo que está influyendo en las vidas es mejor que una hora o dos con actores o técnicos que solo están aparentando vida.

Pase los últimos momentos antes de la predicación hablando con el Señor en vez de estarlo haciendo con los demás. Sin embargo, otros pueden estar a su alrededor durante su tiempo de preparación. Puede utilizar a un equipo de oración que posen sus manos sobre usted para pedir la unción de Dios sobre su mensaje antes de salir a la plataforma. E incluso durante el preludio, usted puede tener una audiencia con Dios. Pídale que le dé su poder antes de predicar.

Tómese un tiempo lejos de su trabajo de la oficina para estar a solas con Dios. Para buscar su dirección en su próxima serie de sermones. Para desnudar su corazón delante de Él y pedirle su llenura. Tome la decisión de no predicar o enseñar basándose en su propio poder. Su congregación notará la diferencia.

2. Manténgase actualizado

La predicación efectiva exigirá que usted se mantenga al día en los temas de actualidad. Utilizar una referencia sobre un acontecimiento actual en la introducción, en el desarrollo o en la conclusión de su sermón, ayuda a su auditorio a ver la importancia de aplicar la verdad bíblica a su vida cotidiana.

Las columnas en los periódicos o en Internet, los blogs, las revistas de noticias y otros medios de comunicación, están llenos de temas de actualidad e ilustraciones que pueden ser utilizados para vincular los acontecimientos del día con las verdades históricas de la Biblia. Una palabra de advertencia en cuanto a Internet: Verifique en otras dos o tres fuentes más cualquier información que consiga allí, a menos que esté utilizando un sitio bien conocido y respetado. Obtener noticias de segunda o tercera mano puede proporcionar datos inexactos.

3. Enfóquese en la Biblia

Algunas de las iglesias de más rápido crecimiento son las que hacen hincapié en la predicación expositiva. Las personas no conectadas con una iglesia necesitan que se les predique la Biblia. La predicación temática tiene, sin duda, su lugar, pero es mucho más exigente a la larga. Predicar utilizando los pasajes de la Biblia le ofrece a su congregación una dieta espiritual permanente y bien balanceada. En cada libro, capítulo y versículo de la Biblia, hay una abundancia de material en la mina de oro que es la Palabra de Dios.

4. Trabaje en su presentación

La predicación es un arte que exige destreza. Se necesita trabajo para preparar y presentar un sermón interesante. Sin embargo, un sermón interesante da como resultado un auditorio interesado. Mire con atención su sermón.

¿Tiene una introducción que llame la atención? ¿Pueden ser recordados con facilidad los puntos principales? ¿Ha hecho "puentes" entre los puntos principales con citas o ilustraciones? ¿Ha apelado a las emociones de la audiencia? ¿Qué quiere que la audiencia haga o sienta como resultado del sermón? ¿Tiene una conclusión interesante y que invita a la reflexión?

¿Ha *incorporado historias interesantes?* Somos personas motivadas por las historias. ¡Los pensamientos errantes de su público pueden ser atrapados en la red de una buena historia! Pero asegúrese de que sea cierta. Asegúrese de darle el crédito a su legítimo dueño. Asegúrese de que apele a las emociones. Luego, siga adelante: ¡Utilice el fundamental método de predicación y enseñanza del Maestro!

¿Ha incluido humor? El humor adecuado, pertinente y considerado puede ser una herramienta efectiva para comunicar una verdad bíblica. Algunos de los oradores más interesantes que usted conoce son notables por sus historias humorísticas. Aprenda de ellos. Ponga atención al momento que eligen para hacerlo. Observe sus acciones y sus reacciones. Vea cómo utilizan una pausa como un método de comunicación. Note que ellos evitan insultar a otros. Observe que no tienen temor de usar sus propios puntos flacos como base de su anécdota.

Note, además, que ellos conectan lo cómico con lo serio. El humor es un puente excelente a un tema más serio.

¿Tiene una aplicación *clara?* Usted puede haber tocado todos los puntos claves en la presentación de su sermón, pero no habrá terminado hasta que haya tocado el corazón de sus oyentes. La proclamación de la verdad bíblica es importante, pero la aplicación de esa verdad es aun más importante. La aplicación que usted haga de las verdades de la Biblia a la vida cotidiana de los oyentes tendrá un influencia diaria, pero también eterna.

La aplicación del sermón puede hacerse con un resumen en PowerPoint. Usted puede incluir un videoclip. Puede usar una anécdota. También puede utilizar un testimonio personal para finalizar. Los métodos varían de sermón a sermón, y de momento a momento. ¡Pero el hecho es que sus oyentes deben ver personalmente cómo su mensaje del domingo va a funcionar en sus corazones una vez que ellos vuelvan a sus trabajos el lunes!

67

Predicar para cambiar vidas

Usted es el pastor de una iglesia en crecimiento. La música es fantástica; hay cien chicos en el grupo de jóvenes; las ofrendas aumentan cada mes; a todo el mundo le encanta su predicación; nuevas personas están viniendo a la iglesia cada semana; y el comentario más frecuente que usted oye es este: "¡Me encanta esta iglesia, uno lo pasa tan bien aquí!"

¿Qué hay de malo en todo esto?

¡Nada! siempre y cuando incluya que las vidas están siendo transformadas por el poder del evangelio. Los marcadores habituales para medir el éxito en el ministerio (la asistencia, las ofrendas y el entusiasmo) no siempre indican la verdadera salud de la iglesia, el crecimiento espiritual. Nuestro trabajo es ayudar a las personas a ser más como Cristo. El cambio de las vidas está en el corazón de nuestra vocación.

Lidere para que las vidas cambien. ¿Qué necesidades tienen las personas de su congregación? ¿Qué necesitan aprender, poner en práctica, dejar o desechar para ser transformadas a la imagen de Cristo? ¿Qué cambios de corazón, mente, o hábitos necesitan tener para estar más consagradas a Cristo?

El domingo 8 de octubre de 1871, D. L. Moody predicó un mensaje sobre Pilato, basado en Mateo 27.22. En su conclusión, Moody leyó la famosa pregunta de Pilato: "¿Qué, pues, haré de Jesús, llamado el Cristo?" Luego dijo a la congregación: "Llévense este texto a su casa, y denle vueltas en su cabeza. El próximo domingo iremos al Calvario y la Cruz, y decidiremos qué hacer con Jesús de Nazaret."

Eso nunca iba a suceder.

Antes de que la congregación fuera despedida, pudieron oírse en las calles los camiones de bomberos. El gran incendio de Chicago había comenzado. Trescientas vidas se perderían en esa catástrofe. Moody nunca volvería a encontrarse de nuevo con esas personas. A su juicio, la conclusión de ese servicio fue el error más grande de su carrera como predicador.

No repita usted eso. Cuando tenga la oportunidad de pedir una decisión, haga uso de ella. Nunca deje que una persona se marche sin saber qué hacer, ¡sin ser llamada a hacerlo! He aquí cómo convertir un sencillo sermón en una invitación capaz de transformar una vida.

1. Ore antes de predicar

¿No es demasiado obvio? La predicación no puede tener éxito sin oración. Es el Espíritu Santo, no el predicador o el maestro, quien convence los corazones. Ore por honestidad y convicción. Ore para que Dios prepare los corazones para recibir su verdad. Ore para que el Espíritu de Dios mueva el corazón y la mente de las personas. Ore en su estudio. Ore en la plataforma. Ore en el salón de clases. Ore en el púlpito. Ore al hacer el llamamiento para venir a Cristo.

2. Presente el evangelio

Usted pensaría que presentar el evangelio es lo que se da por supuesto. Pero muchos sermones o lecciones no mencionan las buenas nuevas. Ponga la salvación sobre la mesa. Hable francamente del pecado. No ande con rodeos en cuanto al juicio. Haga de la sangre de Cristo su punto decisivo, y haga una espléndida invitación a la gracia. Hágala sencilla; esa es la tarea del predicador.

3. Deje que la Biblia hable

En los días que vivimos, luchamos por captar la atención de la generación del vídeo. Los pastores y los maestros duchos utilizan PowerPoint, bytes de sonido, videoclips y el drama para hacer causar un impacto rápido. Eso es útil, pero hay el peligro de que nuestra predicación y enseñanza tenga el mismo valor que un sencillo musical: agradable de oír, fácil de olvidar. Añada impacto a su mensaje dejando que Dios hable a través de su Palabra.

Lea de la Biblia, no frases u oraciones aisladas, sino versículos completos e incluso párrafos enteros. Dígale a la gente: “Esta es la Palabra de Dios.” Pocas personas se sentirán impresionados por lo que usted o yo digamos. Cuando la Escritura habla, ellas escuchan.

4. Presente una opción clara

Para tomar una decisión, tiene que haber una opción. Presente una opción, y una que sea clara. ¿Habrá alguien que vaya al cielo “dando un paso más cerca de Jesús,” sea lo que sea que eso signifique? ¿Se salvan las personas por reconocer que han cometido “errores”? Haga saber a las personas que tienen que confesar el pecado, apartarse de él, y recibir el perdón de Dios por la fe en Jesucristo. Pero no pueden aceptar la oferta de salvación de Dios si no saben lo que ella es.

5. Predique y pida una decisión

“¿Qué me dice de usted?” Alguna versión de estas palabras deben oírse en cada sermón o lección. Cada vez que usted ministre, especialmente si está presentado el mensaje de salvación, debe llamar a las personas a hacer algo en cuanto a lo que han oído. Presentar las buenas nuevas significa confrontar a las personas con la necesidad que tienen de tomar una decisión, algo que postergarán si usted las deja. No haga eso. Pida un veredicto.

6. Espere una respuesta

El mayor error de Moody fue decir: “Váyanse a casa, y piensen en esto.” El hogar es el lugar donde las cuentas por pagar, los teléfonos, los aparatos de TV y las tareas nos llenan la mente y distraen nuestra atención. Mientras las personas estén presentes llámelas a responder, y luego deles tiempo para que lo hagan. Usted no tiene que gritar uno o más versículos una docena de veces, sino que puede, con paciencia y bondad, dar la oportunidad de responder. De esos pocos momentos de gracia depende el destino eterno de las personas.

La pregunta de Pilato sigue sin respuesta en millones de corazones; miles de ellos están en su comunidad, y algunos incluso en su iglesia. ¿Les hará la pregunta? ¿Les pedirá que tomen una decisión?

68

Cómo ganar la atención de la audiencia

Allí están sentados. Los miembros de su audiencia han llegado de unas pocas cuadras, o de muchos kilómetros para escuchar lo que usted va a decir.

Toda la comunicación se reduce a captar la atención de su audiencia. Es como enviar una paloma mensajera en un vuelo desde la plataforma hasta el auditorio, y esperar que alguien la atrape y desenrolle el mensaje que está atado a su pata, antes de la oración final.

Usted tiene un pedacito de tiempo en sus manos que puede marcar la diferencia eterna en la vida de alguien.

Hay varias claves para alcanzar a una audiencia.

1. Actúe con naturalidad

Usted puede estar tan nervioso como una serpiente cruzando una autopista. Pero no lo demuestre. Respire profundamente. Tome un buen sorbo de su botella de agua antes de que las mariposas aniden en su estómago. Recuerden que esas personas vinieron a oírlo a usted, no al pastor que está calle bajo. ¡Ya son suyas! Haga todo lo que tenga que hacer para poder actuar con naturalidad. ¡Pero no se lo diga a nadie!

2. Gánela pronto

Usted tiene solamente unos pocos minutos para ganar la ganar la atención de su audiencia, y no querrá perder la oportunidad de hacerlo. Capte la atención diciendo algo cómico, una historia graciosa en cuanto a prepararse para venir a la iglesia, un hecho o una cifra escandalosa; o haga que se les salten los ojos con una cita asombrosa de una persona famosa. Una vez que usted haya dado el salto invisible desde la plataforma hasta esas filas de bancos o sillas sin caer postrado sobre su rostro, usted estará en la recta final.

3. Mírelos a los ojos

Ya usted sabe cómo es el techo. ¿Por qué mirarlo cuando tiene una audiencia encantadora a la cual contemplar? Fíjese en algunos de los oradores más conocidos. Observe sus ojos. ¡Probablemente lo están mirando a usted! Los miembros del auditorio quieren sentirse parte del mensaje. Usted puede leer sus notas de vez en cuando, pero predíquele a su audiencia, no a las notas.

Haga que se mensaje sea personal. Mientras esté hablando, comience por la izquierda del auditorio, y mire después lentamente hacia la derecha. Haga después lo contrario. Cuando haya terminado de hacer esto (y mientras todavía está hablando) mire hacia el fondo del auditorio y después hacia el frente (¡y no olvide el balcón!). El lento pero constante movimiento de su atención será de gran ayuda para mantener la atención de su audiencia.

4. Comunique a su nivel de comprensión

De nada sirve hablar de los buenos tiempos a un grupo de veinteañeros. ¡Los días en que viven hoy, *son* los buenos tiempos para ellos! Y dar consejos a una audiencia de la tercera edad con las Escrituras, utilizando mensajes de texto, será desperdiciar el tiempo suyo y el de ellos. Piense en la gente. Piense en el conocimiento bíblico que tienen. Piense en sus intereses. Piense en los términos teológicos. Comuníquese con ellos a un nivel cuya mirada diga después: "¡Lo entiendo!"

5. Concéntrese en los pocos que tengan una actitud amigable

Habrá uno o más en su auditorio que estarán con usted desde sus primeras palabras. No se olvide ellos. Puede necesitarlos más adelante. Los que parecen estar recibiendo cada palabra que usted dice, y que se sienten a gusto con ellas, son sus *fans*. Pueden ser suficientemente mudables para darle un puntaje bajo la próxima vez, pero en este momento son suyos. Vuelva a visitarlos durante su mensaje. Después que haya hecho viaje visual por el santuario, regrese a estos rostros amigables.

6. Apele a los sentimientos

Hay una razón por la que la gente se pone de pie cuando los que llevan la bandera marchan por el pasillo del auditorio. Es el sentimiento de patriotismo. Su auditorio tiene sentimientos. Necesitan estar contentos y tristes, afligidos y gozosos. Apele a sus sensaciones. Por ejemplo, llévelos a Tierra Santa durante su mensaje sobre la tentación de Jesús. Permítales "oír" al viento silbando alrededor del monte. Déjeles "sentir" el suelo arenoso que está bajo los pies de Él. Permítales que "vean" la mirada de ensimismamiento en los ojos del Hijo de Dios durante su ataque por Satanás.

Utilice palabras y frases que hagan que su auditorio se sienta como si fueran testigos personales de lo que usted está hablando.

7. Muévase lentamente

Usted puede moverse por la plataforma sin que se vea como si estuviera en un ballet. Muévase, pero hágalo con lentitud. Un viaje constante de un lado de la plataforma al otro puede hacer que se reduzca la capacidad de mantener la atención el auditorio, en vez de aumentarlo.

Gesticule. Hay una razón por la que disfrutábamos haciendo los movimientos de esas canciones que cantábamos en la escuela dominical. El movimiento nos hacía sentir que éramos parte de la presentación. Haga gestos con las manos mientras practica su mensaje delante de un espejo. Puedo imaginar el amplio movimiento de la mano del Maestro mientras hablaba de los campos blancos para la siega. Casi puedo verlo extender su mano y tocar los ojos de los cielos. Los gestos son herramientas excelentes para mantener la atención del auditorio.

8. Ajústese rápidamente a las circunstancias

Tenga por seguro que el teléfono celular de alguien va a sonar durante uno de sus puntos más importantes. No entre en pánico. Conéctelo con el punto o ilustración. Eso hará que el público se sienta a gusto, y le recuerde al usuario del teléfono celular que utilice la configuración de "vibración".

Dios le ha dado a usted ojos, oídos, voz, manos y pies, y también un corazón y un cerebro. Utilícelos de manera efectiva, y no dejará de recibir atención.

69

Cómo hacer entender su mensaje

Cada semana, usted enfrenta el reto de comunicarse con su congregación. Los bebés lloran, los aparatos de aire acondicionado traquetean, los niños se contorsionan en sus asientos, y los adultos miran el reloj. ¿Oye *alguien* el mensaje? Sí, lo oyen, y lo necesitan.

Nunca olvide que es por la "locura de la predicación" que son salvos hombres y mujeres (1 Co 1.21). Dios ha ordenado la predicación como un medio de difundir el evangelio, y le ordenó a usted que haga el trabajo.

La comunicación nunca es sencilla, pero tampoco es una tarea imposible. La buena comunicación exige una evaluación constante, como si se hubiera hecho una conexión entre la fuente (usted) y el receptor (su audiencia). He aquí algunos problemas comunes en la comunicación, ¡y qué hacer en cuanto a ellos!

1. Las palabras

Las palabras pueden realmente obstaculizar su intento de comunicación, ¡especialmente cuando las pronuncia mal! Si el pasaje de la Biblia que estará leyendo en voz alta el domingo contiene nombres de ciudades, países o personas, familiarícese con la pronunciación de ellos antes de hablar. Usted es una persona educada, y sin duda alguna su auditorio incluye a personas cultas. Irritará innecesariamente a su congregación pronunciando mal palabras que son de uso común. ¡Y jamás utilice una palabra (incluyendo el lenguaje coloquial) si no está absolutamente seguro de su definición! Lo único que será avergonzarse a sí mismo, y avergonzar a su congregación.

Cada generación desarrolla su propio vocabulario, y muchas disciplinas tienen su propia jerga. También la iglesia tiene su propio "lenguaje". Utilizamos términos especializados como pecado, gracia, escatología y expiación. Y tenemos un montón de jerga religiosa, frases como "Salvador personal" y "ser salvo". Sus oyentes pueden provenir de un ambiente donde no se hablaba ese lenguaje. Por tanto, cuando comunique, "traduzca" estas palabras para quien le escuchan. Asegúrese de utilizar términos que cada oyente pueda entender fácilmente.

2. El nivel de atención

El nivel de atención promedio del adulto está entre nueve y once minutos. ¡Pero el sermón promedio dura treinta minutos! Aunque se trata del mismo tiempo que dura una comedia de TV, recuerde que sus oyentes pueden "cambiar de canal" varias veces durante esa media hora. Dé a sus oyentes algo que escuchar. Varíe el tono, el ritmo y el volumen. Utilice el humor. Repita. Ayude a sus oyentes a mantenerse sintonizados.

3. Filtros diferentes

Las personas vienen de diferentes trasfondos sociales, étnicos y educativos. El trasfondo de la audiencia afecta directamente su capacidad de escuchar y aprender. Los oyentes filtrarán todo lo que usted diga por medio del filtro de sus propias experiencias. Por eso es tan importante que usted conozca su audiencia. Usted puede aumentar su efectividad reduciendo la estática de su mensaje cuando éste pase a través del filtro de sus oyentes.

Aprenda a hablar el lenguaje de ellos. Hay significados culturales específicos que usted puede incorporar en su mensaje. Utilícelos cuidadosamente y con cautela, pero úselos para crear un puente entre usted y su audiencia.

4. El bagaje

Algunos de los que asisten a su iglesia llegan con un bagaje personal que afecta la manera como ellos escuchan. Muchas congregaciones tienen miembros que son socialmente disfuncionales y que están, o bien tratando de superar estos problemas o bien negándose vigorosamente a ver la realidad.

Reduzca el efecto del bagaje del oyente estando en sintonía con las señales visuales de la audiencia. Lea el lenguaje corporal. Observe la expresión de los rostros. Evalúe el efecto que están teniendo sus palabras en la audiencia. Si su mensaje no está llegando, vuelva a organizarse mentalmente y adopte una estrategia diferente. Sea como el zaguero en el fútbol que rompe al pelotón, enfila la defensa y después interpreta la situación. Él tendrá siempre que cambiar jugadas, de inmediato.

5. Sobrecarga de información

Es domingo por la mañana. La gente se levanta escuchando la radio, sintonizando probablemente una estación de "malas noticias" únicamente. Pueden continuar viendo las noticias en la TV mientras desayunan. Pueden, incluso, dar un vistazo al periódico o revisar sus correos electrónicos antes de salir de casa. Y en la iglesia, se "prepararán" para el servicio leyendo el boletín. En el momento que usted predique, ellos ya habrán digerido varias horas de información provista por una diversidad de medios.

Pero usted puede hacerse oír por encima del ruido por medio de una comunicación efectiva. Prepare bien su mensaje para que tenga dominio del mismo. Haga contacto con sus oyentes mirando sus ojos, con gestos adecuados. Pero, por encima de todo, cíñase al tema. No pronuncie una sola palabra que no haga claro el punto de su mensaje.

6. El escepticismo

Los auditorios hoy son más suspicaces que nunca, y en muchos casos con toda razón. Algunos oyentes han sido desilusionados o decepcionados por figuras públicas, incluyendo a líderes religiosos. Como resultado, están atentos a las fallas de carácter e integridad de quienes se comunican con ellos. Abra brecha en ese duro exterior siendo genuino. Cuando predique, evite ser el héroe de cada historia. Sea honesto en cuanto a usted mismo, sin desvalorizarse. Si el auditorio confía en usted, le escucharán.

La comunicación es siempre un reto, y nunca tanto como hoy. Pero la predicación sigue siendo el medio más efectivo para comunicar el mensaje más importante a su congregación. ¡Domine estas técnicas, y usted será escuchado!

70

Cómo usar las historias en la predicación

Jesús dijo más verdades en cuestión de minutos que las que diremos en toda una vida de comunicación. Pero ¿qué hacía para hacerse comprender claramente? Con una parábola, una historia. Domine el arte de contar historias, y dominará el arte de la comunicación. Pero no todas las historias son iguales. Algunas tendrán un efecto adormecedor, y otras encenderán fuegos mentales y emocionales que arderán para siempre.

Si yo tuviera que utilizar la frase: "fue el toque de la mano del maestro," ¿qué le vendría a la mente? ¿Una subasta? ¿Una oferta baja? ¿Un instrumento de cuerda? ¿Un músico? La respuesta es todo lo anterior. Es probablemente una de las historias más conocidas jamás predicadas. Un violín fue puesto para oferta en una subasta. El violín no tenía exactamente el aspecto de un Stradivarius. El tiempo había opacado su brillo, sus cuerdas estaban flojas, la mentonera había desaparecido, y el subastador probablemente había tenido que soplar el polvo de la curvatura (la caja) del violín.

El subastador pidió que hicieran sus ofertas. La oferta fue patéticamente baja, de apenas un dólar. Entonces, un caballero se levantó de entre la audiencia y se dirigió al frente de la sala. Después de preguntar si podía tocar el violín, se lo colocó debajo de la barbilla, tensó el arco, ajustó las cuerdas, y una hermosa melodía fluyó del instrumento. Usted recuerda lo que sucedió: la multitud aplaudió. Y, de repente, la puja pasó de un dólar a mil. La diferencia se dice en la frase clave con que termina la historia: "Fue el toque de la mano del maestro."

La historia es un puente que lleva a una persona a entender el mensaje de salvación. Un corazón sin Cristo parece no tener valor alguno. Pero una vez que Cristo se apodera de él, ese corazón aumenta su valor. Las historias y sus mensajes han tocado a miles de vidas. ¿Qué es lo que hace que una historia aviva el corazón del oyente en lugar de hacerlo dormir? Yo creo que una buena historia o ilustración posee al menos siete características que veremos a continuación:

1. **Es bíblica**

Usted es un comunicador cristiano. ¡Está atado a esto! Cuando toma esa Biblia en sus manos en el servicio, usted está comprometido a predicarla en sermones y, obviamente, con el uso de ilustraciones. Pero una buena historia siempre termina en territorio bíblico, con una concreta conexión con una verdad de la Sagradas Escrituras.

2. Es creíble

Usted probablemente ha estado en una subasta. Y probablemente ha hecho una oferta baja por un artículo. Lo mismo ha sucedido con sus oyentes. Si ellos no han estado personalmente en una subasta, es probable que hayan visto una en la TV. Han visto las pujas por automóviles clásicos que son el centro de la atención. Lanzaron un gemido al escuchar una oferta baja, y se quedaron boquiabiertos al escuchar la más alta.

La historia que usted cuente tiene que ser comprendida por su audiencia. ¿Entenderían ellos la analogía de la subasta? ¿Por qué razón? Si su historia no responde a la necesidad de las personas al nivel que ellas puedan comprender, buscarán satisfacerla en otro lugar.

3. Es lógica

Una buena historia tiene un buen comienzo y un buen final. Y el camino entre la introducción y la conclusión está marcado claramente. ¿Cómo sabrá usted que tiene una secuencia lógica? Dígala en voz alta. Mejor aun, cuéntela a un amigo o a un miembro de su familia. Si una mirada de perplejidad les nubla el rostro, y un signo de interrogación parece surgir en sus cabezas, ¡usted está en problemas!

4. Es práctica

Una buena historia no se limita a llenar los vacíos entre los "buenos días" y los "en conclusión". Tiene una buena razón para estar allí. Hará pensar a la gente. Llamará a hacer una decisión. La esperanza es que la historia que contó afecte las personas de tal manera que quieran saber más acerca de Cristo, no simplemente más de la historia. Eso hará un impacto espiritual. Los miembros de la audiencia serán beneficiados por esa historia.

¿Cómo puede usted saber si la historia hará un impacto en los demás? ¿Le impactó a usted? ¿Le hizo pensar, emocionarse o aumentar su devoción a Cristo? ¡Entonces ha encontrado una buena historia!

5. Es conmovedora

Una buena historia apela a los sentimientos. Los miembros del auditorio no la oirán simplemente, sino que también serán movidos a las lágrimas por ella. O una risita entre dientes podrá convertirse en una sonora carcajada. Las personas se pondrán nostálgicas. Imaginarán ambientes y sonidos. Usted no está predicando a árboles, aunque puede parecer que algunos fueron cortados de un bosque petrificado. Son personas muy humanas con emociones muy humanas. ¡No olvide eso!

6. Es valiosa

Las buenas historias generan la exclamación: "¡ajá, así es!" Los oyentes querrán recordarlas. Querrán escribirlas en los sobres de los diezmos. Las transmitirán lo más pronto que les sea posible. Las atesorarán en su corazón para siempre.

7. Es transferible

Una historia sin sentido no es digna de ser contada. Una historia es un puente hacia una verdad bíblica. Es un vehículo que lleva a su público al destino de su mensaje, y que les permite deleitarse en el viaje. Piense en esto cuando esté listo para contarla. Piense en eso cuando la pone en ese sermón "maravilloso". Piense en esto cuando la esté contando: *¿Cómo me llevará esta historia al término de mi argumento, o a la conclusión de mi sermón?*

Siga adelante. Puede pensar que no puede contar una buena historia, ¡pero sí puede!

71

Cómo utilizar bien el humor

El humor es una manera excelente de hacer parte del servicio a su congregación. Aunque los pastores no deben sentir que están compitiendo con los programas de televisión, actúan con sabiduría si aprenden cómo intercalar el humor en sus sermones y enseñanza. El buen uso del humor es tan importante como su uso selectivo.

El humor es una manera maravillosa de captar la atención, tranquilizar a la gente, mantener su interés y aclarar la verdad. El bosquejo básico de un sermón (tres puntos y una ilustración) puede elevarse por sobre las cabezas del auditorio como un avión de papel, pero una historia humorística ligada a una verdadera bíblica puede llegar al corazón del oyente y será recordada por mucho tiempo.

Hay varias otras "leyes del humor" importantes que pueden ser aplicadas a sus presentaciones:

1. Utilice el humor con cuidado

Una historia divertida que se cuenta solamente para que atraer unas risas es una historia vacía y, quizás, vana. El humor debe tener un objetivo fundamental: ser un puente que entronque con la verdad. Aquí se aplica la expresión común: "¿Qué tratas de decir?" Hágase algunas preguntas importantes, tales como:

¿A quiénes les estoy hablando?
¿Cuál es la manera más positiva de decirlo?
¿Cuál es la forma más interesante de decirlo?

2. Utilice el humor con sensibilidad

Un amigo mío estaba sentado en la plataforma esperando para predicar a un numeroso público. Antes de comenzar el servicio, aprovechó el tiempo para dar una última mirada a sus notas. Mientras las leía, dirigió su mirada a la multitud y vio a una persona amputada que tenía una prótesis de la mano, una abrazadera metálica. Miró de nuevo sus notas, y descubrió que su "linda historia" para iniciar el mensaje se refería a un hombre que debía parecerse a un pirata para responder a una oferta de trabajo hecha por el capitán de un barco. ¡Lo adivinó! El solicitante de la historia tenía una mano en forma de garfio.

Tuvo que abandonar la historia de inmediato. Pero, al mismo tiempo, mi amigo comenzó a pensar en historias parecidas que pueden causar malestar a alguien a expensas de un momento de risa.

3. Utilice el humor con destreza

El olvido de una frase clave, el no incluir detalles pertinentes en lo que se cuenta, o no hablar con claridad, pueden dar lugar a una pausa cargada de significado, que da a luz un embarazoso momento de silencio. El humor tiene varios elementos integrales. Debe ser atinente, contener evidentemente una frase ingeniosa de remate, ser muy oportuno, conciso, y de provecho.

4. Utilice el humor de vez en cuando

No debe usarse una hilera constante de historias, frases ingeniosas o chistes, como sustitutos de la enseñanza concienzuda y de la predicación de los principios bíblicos. Deben utilizarse ocasionalmente. El orador que trata de competir con el canal de comedias se encontrará sujeto al "control remoto" de la audiencia.

5. Utilice el humor con prudencia

El orador debe observar a los expertos. ¿Qué es claramente visible en cuanto a su manera de comunicar? ¿Su habilidad de escoger el momento oportuno? ¿Su contacto visual? ¿El material que utiliza? ¿Su reacción a las situaciones inesperadas? Aprenda de los profesionales, pero sin copiar sus gestos. Su humor debe ser original, fruto de su propia personalidad.

6. Utilice el humor de manera selectiva

El humor debe adaptarse a las características de su audiencia. Una historia acerca de la vida en el centro de una ciudad grande será recibida con un silencio significativo si se le cuenta al auditorio de una comunidad agrícola.

7. Utilice el humor de manera respetuosa

Los cónyuges y los miembros de la familia suelen ser una buena fuente de humor. Los incidentes cotidianos en el hogar son, muchas veces, divertidísimos. Sin embargo, hay que tener el permiso de ellos para utilizar estas historias en lugares públicos.

8. Utilice el humor con sabiduría

Por lo general, una historia personal con un sesgo humorístico o un comentario cuidadoso sobre un "hecho actual absurdo" hará un mayor impacto que un chiste bien ensayado.

Hay varios factores que merecen ser considerados cuando se trata de contar un chiste:

La actitud. ¿Se siente usted bien en cuanto a la historia? Si no tiene sentido para usted, el chiste probablemente no será bien recibido.

El ensayo. Usted se sentirá más cómodo si ensaya sus historias humorísticas. Puede probar una historia humorística con su familia o sus amigos. Si la historia es recibida con un frío silencio, ¡probablemente tendrá el mismo efecto en la iglesia!

El movimiento. Tanto su ubicación como sus gestos pueden ser utilizados para mantener alerta a su audiencia. Al utilizar una historia cómica al comienzo, es posible que desee considerar la posibilidad de alejarse del escenario o la plataforma, tal vez caminando hacia la audiencia. Desplazarse de su "zona segura" a la "zona de batalla" puede dejar desarmada a su audiencia y lograr que estén alertas.

Los gestos cuidadosos con las manos pueden también servir de ayuda para su historia humorística. Como sucede con los movimientos que hacen los niños con las manos al cantar en la escuela dominical, hacer movimientos al contar una historia lo ayudará a usted a comunicarla.

El contacto visual. Algo que crea confianza es detectar a la persona que reaccione menor en cuanto a la historia, y dirigirse directamente a esa persona al rematarla con la frase ingeniosa.

El buen gusto. Usted probablemente ha escuchado decir a sus padres: "Nosotros no hablamos de esas cosas en público." Eso sigue siendo un buen consejo. Hay algunos temas que están definitivamente vedados en sus presentaciones. Por ejemplo, los chistes que tienen que ver con las necesidades corporales son siempre de mal gusto. Asimismo, el humor en cuanto al estilo de vida alternativo o con matices raciales está fuera de lugar en el púlpito. El humor se utiliza para sanar, no para herir.

72

Cómo hablar de dinero

Hablar de dinero puede ser tan peligroso como utilizar una sierra motorizada con dientes sobre una cadena sin fin. Por lo general, a la gente le gusta hablar de dinero en cualquier parte, excepto en la iglesia.

Remontar el obstáculo del dinero es necesario para mantener un ministerio de por vida. Usted *sí puede* hablar de dinero. Pero lo que dice y cómo lo dice muchas veces marcará la diferencia entre las cifras en negativo o en positivo del informe del tesorero sobre el estado financiero, y a veces de su permanencia en el ministerio.

Lo primero que debe considerar es que hablar de dinero no es solamente hablar de *dinero*. Dar no es simplemente cuestión de ingresos; tiene que ver con la misión de la iglesia. Usted debe tener claro el hecho de que el dinero es simplemente un recurso para hacer el ministerio. Usted le haría un flaco servicio a su gente si les habla más de las finanzas que de la misión.

Algunos de ustedes están enfrentando ahora mismo problemas económicos en el ministerio. Necesitan más dinero, más voluntarios, más personas que den más de su tiempo, de sus habilidades, y de su dinero. Lo que usted necesita es que haya un espíritu de generosidad. ¡Eso es lo que sucede cuando una congregación se convierte en una iglesia que da!

Es verdad que el dinero es uno de los temas con el que todo pastor anda de puntillas. Parece que no hay manera de ganar. Si usted ignora el tema, la gente llega a la conclusión de que la mayordomía no es importante. Si usted predica o enseña en cuanto al dinero, oye la queja de siempre: "¡Todo lo que iglesia quiere es mi dinero!"

He aquí algunos consejos para hablar de dinero y lograr que las personas se sientan felices de darlo:

1. No le tenga miedo al tema

Hablar de dinero puede ser intimidante para un pastor. Después de todo, somos predicadores, no expertos de finanzas en Wall Street. Pero la Biblia habla mucho de dinero. Era uno de los temas favoritos de Jesús, y tanto Pedro como Pablo hablaron concretamente a los creyentes en cuanto a este tema. El hombre o la mujer de Dios tiene toda la autoridad para hablar de dinero desde una perspectiva bíblica y espiritual. Usted no tiene que ser un planificar financiero titulado para enseñar mayordomía. Si callamos en cuanto a este importante tema, aprobamos el uso egoísta del dinero que abunda en nuestra cultura. ¡Enseñe a diezmar!

2. Conéctelo con el ministerio

Dios quiere más que nuestro ministerio (es en realidad suyo, de todos modos). Quiere nuestra vida entera. Ayude a su gente a ver que dar dinero es solo una tercera parte de la ecuación de la mayordomía. El tiempo y las habilidades constituyen el resto. Dar dinero solamente no es bíblico. Todo cristiano necesita ejercer su(s) don(es) espiritual(es), así como da dinero. Enseñe una perspectiva equilibrada de la mayordomía.

3. Enseñe la oportunidad antes que la obligación

Algunos cristianos piensan que dar a la obra de Dios es una obligación. ¡Qué pena! Contribuir a la misión para realizarla es uno de los más grandes privilegios de estar en la iglesia. San Agustín dijo: "Donde está tu placer, ahí está tu tesoro. Donde está tu tesoro, ahí está tu corazón. Donde está tu corazón, ahí está tu felicidad."

Dar para el ministerio de la iglesia en todo el mundo puede ser un gran motivador. El mensaje de mayordomía que usted predique puede incluir algo como esto: "Dios se está moviendo en el campo de las misiones. Las iglesias en el extranjero están añadiendo miles de creyentes cada día. ¡Somos una parte vital de eso cuando apoyamos a los misioneros!"

En su comunidad hay enormes necesidades. Conectar la oportunidad de dar hacia una necesidad local puede ser también un gran motivador.

Pregunte: "¿Cuántas familias que no asisten a una iglesia viven a cinco kilómetros o menos de nuestra iglesia? ¿Cuántos niños hay? ¡Piensen en las posibilidades! ¿Qué podría hacer Dios si estuviéramos dispuestos a dar nuestro tiempo, capacidades y dinero para atender a las necesidades de las personas en nuestra comunidad local?"

Usted debe enfatizar que diezmar es una oportunidad para ver a Dios en acción, nunca una obligación.

4. Permita que otros hablen

La voz del pastor no debe ser la única que se oiga en cuanto al tema del dinero. En realidad, cuantas más personas están involucradas en la enseñanza, más efectiva será ésta.

Invite a personas o familias que diezmen a compartir sus testimonios. Se maravillará al escuchar cómo Dios las ha bendecido gracias a este sencillo acto de fe, Las historias reales inspirarán a personas reales a confiar en Dios y entregar sus diezmos.

Invite a un contador cristiano o a un planificador financiero a hablar acerca de la mayordomía. Trabajar en el mundo de los negocios da a estas personas una perspectiva única. Ellas delinearán un agudo contraste entre la actitud codiciosa del mundo y la actitud satisfecha del cristiano con relación al dinero. Esta "opinión profesional" añadirá importancia a su enseñanza.

5. Sea un ejemplo de su enseñanza

Advertencia: No enseñe sobre el diezmo si usted no diezma. Debe estar preparado para practicar lo que predique sobre este tema. Sea un ejemplo con su propia vida en cuanto a lo que enseña sobre el dinero. Le sugiero que sea la primera persona que pone el sobre con su diezmo en el plato de la ofrenda en el servicio de adoración.

Demuestre a la congregación que las finanzas de la iglesia se manejan de acuerdo con los principios bíblicos. Pague los compromisos de su iglesia a tiempo y en su totalidad. Ponga las necesidades del Reino antes que la comodidad de la congregación. Y trate a los ingresos de la iglesia como lo que son: dinero de Dios que Él da prestado para que el pueblo de Dios haga el trabajo de Él.

6. Celebre los éxitos

¿Pagaron la hipoteca? ¡Tengan una fiesta! ¿Lograron su meta anual en cuanto a dar para las misiones? ¡Que lo sepa la gente! Cuando su iglesia tenga un logro importante, por pequeño que sea, hágalo notar. Usted reforzará así la verdad de su enseñanza. ¡Manejar el dinero a la manera de Dios, realmente funciona!

7. Ayude a su gente a hacer la conexión entre el dinero y la fe

El uso del dinero es un indicador espiritual. Acumular dinero significa que no confiamos en Dios. Malgastar el dinero demuestra que no lo respetamos a Él. La avaricia, la codicia, el materialismo, la tacañería, son todas conductas que permiten asomarse a lo que hay en el alma de la persona.

Conectar los proyectos exitosos con la fidelidad en el dar es una lección importante en cuanto a mayordomía. "Este nuevo edificio (o esta nueva alfombra, o camioneta, o proyecto de remodelación) es un ejemplo de la fidelidad de ustedes al dar su tiempo, capacidades y dinero al Señor. Dios nos ayudó a hacer esto, porque ustedes fueron obedientes al dar."

73

Cómo poner su visión por escrito

Cuando usted entregó a su profesor del seminario esa composición en cuanto a la predicación expositiva pensó que sus días de escribir cosas habían terminado. Poco sabía usted que eso era solo el primer paso en un viaje de por vida de palabras, oraciones, párrafos y signos de puntuación. Que no sería solamente escribir sermones; sería también escribir anuncios para el boletín, circulares, columnas en Internet, notas de prensa, cartas de recomendación, cartas al editor, *ad infinitum*. El solo hacer una lista de las "oportunidades" para escribir es suficiente para causarle fatiga.

Pero los beneficios son magníficos. Mis escritos, además de mi predicación y mi enseñanza, me han llevado a lugares que jamás imaginé cuando escribí mi primera monografía. Me han dado una multitud de experiencias nuevas, y un caudal de nuevas amistades.

¿Dónde comenzará su aventura de escribir? Comience donde lo hice yo: con una idea y una página en blanco. Poner una idea por escrito exige un plan, un viaje en cuanto a la tarea de escribir. Permítame compartir con ustedes algunas paradas reflexivas a lo largo del camino, en la forma de algunos conceptos básicos en cuanto al trabajo de escribir.

1. Determine su destino

¿Cuál es su misión al escribir? ¿Por qué está escribiendo el artículo o un libro? ¿Por fama y dinero? (Lo siento, la actividad literaria tiene muy poco de eso.)

¿Para poner a las personas en su lugar? (No es una motivación que agrada a Dios.) ¿O para utilizar sus capacidades con el fin de ayudar a otros en su peregrinación espiritual? Este último es la mejor. Imagine su pluma como una extensión de su ministerio.

Los apóstoles estaban en una misión. Pero ellos no podían llevar su misión a más de una iglesia a la vez. Fue por eso que trabajaron hasta muy tarde para transferir sus pensamientos al pergamino. Sus escritos los llevarían a lugares donde jamás podrían llegar de otro modo. Concéntrese en su misión.

2. Identifique a sus compañeros de viaje

¿Quiénes son sus lectores? Sus escritos deben ajustarse a las características demográficas de su audiencia. Por ejemplo, un artículo sobre cintas de audio de ocho pistas, será recibido con miradas frías si es escrito para adolescentes más familiarizados con discos ópticos digitales (DVD) y la tecnología de audio MP3. Escriba al nivel de comprensión de la audiencia.

¿Qué necesitan sus lectores ahora? Ellos necesitan la verdad bíblica. Necesitan aprender cómo ir del punto A al punto B sin ser víctimas del enemigo de su fe. Necesitan que se motive un poco, y también estímulo. Finley Peter Dunne, uno de los grandes periodistas de del siglo XX, escribió que la tarea de un autor es "confortar a los afligidos, y afligir a los comodones."

¿Qué necesitará*n sus lectores* más adelante? Escriba con el futuro de ellos en mente. Escribir atraviesa el tiempo. Esté pendiente del futuro. En una noche silenciosa, usted puede oír el ruido del tren que viene de lejos. El sonido es débil al comienzo, pero un oyente atento puede oírlo. Los autores pueden escribir para el tren que no ha llegado todavía. Buscan los giros que están sobre el horizonte.

3. Desarrolle un mapa

No hay ningún misterio en cuanto a la preparación de un buen libro o un buen artículo. Al igual que con la construcción de una casa, hay etapas en la construcción. El constructor que sigue un plan y trabaja según lo previsto, producirá una edificación sólida. Usted también necesitará tener un mapa en cuanto a su actividad con la pluma.

¿Cuál se*rá su primer asunto de interés?* Ya sea que escriba por un beneficio económico, para informar, o para inspirar a sus feligreses, la introducción, o los primeros párrafos de un artículo deben atrapar al lector. Sin un comienzo estimulante, su lector buscará otra más interesante que leer.

Abraham Maslov señaló que las personas desean seguridad, protección, un sentido de pertenencia, y hacer una contribución positiva en su mundo. Involúcrelas en el nivel de los sentimientos. "¿Se siente siempre solo en una iglesia de dos mil miembros?" "¿Es su vida de oración monótona y aburrida?"

O simplemente comience con una historia o una cita. Pero asegúrese de que puede verificar su autenticidad con por lo menos dos fuentes. (Utilizar mitos populares lo desacreditará como escritor.) Una anécdota humorística es también un comienzo efectivo.

¿Cómo mantendrá la atención de sus lectores? Los incentivos para el lector se encuentran en citas, historias humorísticas o inspiradoras, y otros materiales que añaden interés a su tema. El autor inteligente está siempre buscando ilustraciones. Lea el periódico. Suscríbase a buenas revistas. Dese cuenta de lo que es popular en la televisión y en el cine. Anote sus observaciones. Navegue por Internet. Mantenga en mente el interés del lector, y luego siga buscando siempre material interesante. Cuando encuentre algún material interesante archívelo para uso futuro. Sea bueno con sus archivos, y ellos serán buenos con usted. Esa ilustración o historia le servirá algún día.

4. Pida dirección

Usted solo ha comenzado su viaje. Otros están familiarizados con el terreno de la pluma. Los editores, como los guías en el desierto, pueden ayudarle a mantener el rumbo y a ver los lugares peligrosos. Pídale a un amigo que lea su creación, de un modo crítico. Únase a un grupo de críticos de escritores (puede encontrar esos grupos contactando a su biblioteca local). ¡Y recuerde que el secreto para escribir bien es volver a redactar!

5. Confíe en el Espíritu Santo

La Biblia promete la guía del Espíritu Santo para descubrir la verdad. Si usted quiere ser efectivo con lo que escribe, su coautor tiene que ser el Espíritu de Dios. Él no solamente ha prometido mostrarle el camino; también ha prometido investirlo de poder *a lo largo* del camino. Dios utilizará sus palabras y sus frases para iluminar, inspirar y edificar a sus lectores.

¡Así que, comience a escribir, y tenga un buen viaje!

74

Claves para una reunión de junta exitosa

El ministerio incluye, por lo general, el aburrimiento de las juntas y un compromiso con comités. Las reuniones consumen muchas de las energías de un líder. Un objetivo administrativo puede ser sacar el aburrimiento de las reuniones de la junta, y ponerlo en las reuniones de los comités. Eso no sucede por accidente. Es planificado, y llevado a cabo. Hay una razón para que los miembros de la junta o de un comité salgan de esas reuniones con la satisfacción del deber cumplido. Echemos un vistazo a los ingredientes que se necesitan para tener una reunión exitosa, una reunión que logre su propósito, y que reúna al equipo en la búsqueda de la excelencia.

1. Preparación

La Biblia es un libro de preparación. El Antiguo Testamento fija la agenda, y el Nuevo Testamento la convierte en logros. Jeremías 29.11 dice: "Porque yo sé los pensamientos que tengo acerca de vosotros, dice Jehová, pensamientos de paz, y no de mal, para daros el fin que esperáis." Los líderes cristianos están llamados a llevar a cabo los planes de Dios. Y lo hacen por medio de las personas que están organizadas alrededor de la misión.

Convocar simplemente a una reunión no garantiza su éxito. Las reuniones exitosas son las planificadas. Tienen un propósito y dirección. Las personas que han comprometido su tiempo y sus energías deben saber para qué han sido convocadas. Al comienzo de la reunión de la junta o del comité, se debe distribuir una descripción de la misión, del propósito y del trabajo, para asegurarse de que todos sepan qué es lo que espera.

2. Organización

Jesús aconsejó la planificación: "Supongamos que alguno de ustedes quiere construir una torre. ¿Acaso no se sienta primero a calcular el costo, para ver si tiene suficiente dinero para terminarla?" (Lc 14.28 NVI). La organización para su reunión puede incluir:

La agenda. La agenda es el mapa de ruta de para su reunión. Al igual que un cálculo de mapa computarizado, le muestra a usted dónde está, a dónde va, y calcula el tiempo que debe tomar llevarle allí. La agenda es importante por un par de razones. Primero, porque mantiene encarrilada a la reunión. Siempre es peligroso iniciar la reunión pidiendo sugerencias en cuanto a los temas que se tratarán. Muchas veces, los participantes desviarán la reunión y ésta terminará en un innecesario, y a menudo acalorado, conflicto. Segundo, porque protegerá que se prolongue hasta altas horas de la noche. Una reunión sin una agenda está abierta a discusiones interminables sobre trivialidades.

La preparación de la sala. La comodidad de los participantes contribuye a la calidad de la reunión, y comunica organización. La temperatura ambiental debe ser adaptada; puede prepararse un refrigerio; la mesa de la reunión debe estar limpia y provista de pluma y papel; la agenda debe estar en cada puesto; y el equipo de multimedia debe haber sido probado.

Las minutas. Debe nombrarse un secretario de actas para cada reunión. Las decisiones principales (no toda la discusión) deben ser anotadas, resumidas, corregidas ortográficamente y distribuidas en la reunión siguiente. Las minutas correctas de la reunión ayudan a evitar los "él-dijo-ella-dijo" de las reuniones de seguimiento.

El tiempo devocional. La suya es una reunión cristiana. La Palabra de Dios debe ser honrada con su lectura, y tener oraciones para que la voluntad del Señor se logre por medio de los participantes. El tiempo devocional da también la oportunidad para que otros puedan comunicar. Si el presidente es quien tiene siempre el tiempo devocional, los participantes no sentirán que la reunión les pertenece también a ellos.

La conclusión. Resumir las decisiones de la reunión de la junta logra dos cosas: Primero, da a los participantes una sensación de logro; segundo, da la oportunidad al presidente de terminar la reunión, y decir: "Ha sido una buena reunión." "Hemos logrado…" "Nuestra próxima reunión está programada para el…"

3. Comunicación

La responsabilidad del presidente es comunicar, oralmente o por escrito, la información necesaria para que los participantes de la reunión tomen decisiones en cuanto a la agenda, y reciban informes.

4. Expresión

Las reuniones exitosas incluyen la oportunidad para que los miembros se expresen. Las reuniones que tengan que ver con la iglesia, deben ser una actividad democrática. Los participantes no solamente presentan sus propias ideas o ideales; ellos representan a quienes representan. La comunicación abierta reconoce la libertad de expresión, no importa con cuánta divagación se haga los comentarios.

5. Compasión

La agenda de cada reunión es el bienestar espiritual, social y material de los miembros. Detrás de cada mensaje, reunión y acción del Salvador estuvo el propósito subyacente de buscar y salvar a los perdidos. Los corazones que sean avivados por el fuego del Espíritu Santo mostrarán compasión a las necesidades de la organización. Una reunión dirigida por la compasión es siempre una reunión exitosa, no importa qué decisión fue o no tomada.

La iglesia debe tomar la iniciativa en los ministerios de compasión. Esa compasión puede ser expresada en la planificación o en el dar, en la organización o en la construcción. Lo que usted logre por medio de una junta o un comité debe tener como objetivo principal edificar el Reino de Dios.

Las reuniones de organización de la iglesia pueden ser una manera maravillosa para que las personas crezcan en su fe, en su servicio a los demás, y en la toma de conciencia de sus dones espirituales. Pueden ser tiempos de inspiración, de visión, o simplemente de jovialidad. Pero deben ser siempre momentos de sincera comunicación en cuanto al ministerio.

¡No olvide que fue un comité de doce al cual se le dio la tarea de anunciar el evangelio a todo el mundo!

75

Cómo mantenerse en la vanguardia

Con los rápidos cambios hoy en cuanto a la tecnología, es fácil quedarse atrás. Pero los líderes cristianos pueden llevar la delantera manteniéndose informados. He aquí cómo puede mantenerse usted en la vanguardia.

1. Lea constantemente

Todos los que estamos en el ministerio tenemos fácil acceso a la información que necesitamos para mejorar nuestro crecimiento espiritual, robustecer el crecimiento espiritual de nuestros feligreses, y aumentar el crecimiento espiritual y organizacional de nuestra iglesia u organización. Los líderes cristianos deben ser estudiantes, y los estudiantes son lectores.

Encontrar tiempo para crecer en el conocimiento de métodos ministeriales para un mundo posmoderno puede ser un reto. La naturaleza misma de ese mundo es la inmediatez: ¡Hágalo ahora mismo! ¡Cómprelo ahora mismo! ¡Apréndalo ahora mismo! El problema con eso es que cada parte de su ministerio está en el "ahora mismo". Las exigencias diarias ponen una carga en los pastores de hoy, quizás la más grande en toda la historia.

Hubo una vez que una anotación en el calendario era suficiente para mantener su agenda bajo control. Ahora, hace falta el calendario más una computadora de escritorio, o una computadora portátil para que nos lleve adonde tenemos que estar a tiempo, para hacer lo que necesita ser hecho. Sacar tiempo para leer en un día que ya es demasiado largo es una lucha.

Afortunadamente, puede hacerse. Usted puede estar en la vanguardia del conocimiento en lo relacionado con su ministerio. ¿De qué manera?

- Vea los servicios de noticias en línea.
- Suscríbase a revistas y publicaciones comerciales.
- Lea revistas de noticias, e incluso blogs.
- Mantenga un buen libro en su mesa de noche (¡y ábralo de vez en cuando!).
- Aproveche al máximo su tiempo aprendiendo a encontrar lo sustancioso en un artículo o noticia. Dé prioridad a la lectura, como hace con otras tareas.

2. Aprenda mientras viaja

Estar conectado no es un lujo para el cristiano del siglo XXI; es una necesidad. Mantenerse al corriente significa tener fuentes móviles de información. Los líderes que estaban en la vanguardia ayer escuchaban casetes en los viajes largos en coche. Los líderes de hoy utilizan los Podcasts más avanzados en su campo. Pero en ambos casos, el principio es el mismo: haga un buen uso del tiempo, no perdiendo nunca el contacto.

Por ejemplo, la mayoría de los pastores pasan horas en la calle, por decir. El uso más importante de ese tiempo es el que usan para orar, por su familia, sus feligreses, los líderes nacionales, los líderes denominacionales, y las personas confinadas por enfermedades o discapacidades. El segundo uso más importante del tiempo viajando es para el aprendizaje. El ministerio cristiano está cambiando constantemente. La nueva tecnología combinada con nuevos métodos, que cuentan el mismo mensaje de confianza, está ensanchando todo el tiempo el conocimiento y la experiencia del pastor.

3. Utilice Internet

Navegar por Internet puede ser tan peligroso como navegar por las crecidas olas de un mar infectado de tiburones. Crear salvaguardas personales al mismo tiempo que se aprovecha la abundancia de recursos en Internet es un reto en el mejor de los casos. Pero miles de millones de páginas en Internet incluyen lo bueno junto con lo malo. Los sitios web cristianos ofrecen recursos que una vez ocupaban todo un cuarto lleno de libros en estantes. Las búsquedas en línea le llevan a usted a recursos mucho más rápido que un equipo de bibliotecarios. Traducciones de la Biblia, comentarios, diccionarios, libros de citas, ilustraciones y manuales de estilo están al alcance de un sólo clic. Además, usted puede tener información al instante de los acontecimientos del día por medio de las cadenas noticiosas en línea.

Seminarios y enseñanzas de expertos en cuanto al ministerio de la iglesia pueden ser descargados y escuchados cuando a usted le resulte conveniente. Nunca antes ha tenido el ministerio cristiano tantas herramientas a su alcance para la edificación del Reino. Utilice la tecnología, pero no abuse de ella, ni tampoco le permita que ella abuse de usted. Dios está haciendo una cosa nueva, de una manera nueva. Nos está permitiendo anunciar el evangelio a toda velocidad, y dejándonos aprender cómo utilizar métodos confiables para predicar, enseñar y difundir por la radio y la TV su verdad eterna.

4. Establezca conexiones

Los mejores líderes habitualmente aprenden unos de otros. En su edificio, su ciudad, y dentro de su campo de especialidad, hay oportunidades para aprovechar los conocimientos de otros. Tómese un café con el innovador que hay en su asociación ministerial. Inicie una mesa redonda con un almuerzo con otros pastores de su comunidad. Conéctese con seminarios virtuales o transmisiones simultáneas que ofrezcan información de vanguardia para su ministerio. Aprenda de los mejores.

Benjamin Disraeli dijo: "Como norma general, el hombre de mayor éxito en la vida es el hombre que tiene la mejor información." Él podría haber estado hablando del siglo XXI. En la era de la información, los líderes tienen dos opciones: Mantenerse al día o quedarse atrás. El conocimiento es poder, y el líder que lo tiene es quien, por lo general, gana.

Pero el conocimiento sin poder es vano y peligroso. El ministerio de vanguardia exige espiritualidad de vanguardia. Podemos valorar el aprendizaje avanzado, pero el conocimiento sin un vibrante amor por Cristo sirve poco más que de autopromoción. Una vez más, el apóstol Pablo ofrece un importante consejo: "Pues no me envió Cristo a bautizar, sino a predicar el evangelio; no con palabras de sabiduría, para que no se haga vana la cruz de Cristo" (1 Co 1.17).

¿Qué será lo siguiente que hará usted para mantenerse, no simplemente al día en la revolución del conocimiento, sino al frente de la misma?

Epílogo

Después de más de treinta años en el ministerio pastoral, estoy más entusiasmado que nunca en edificar el reino de Dios por medio de la iglesia local. ¡Qué privilegio! He compartido con usted algunas de las lecciones que he aprendido a lo largo del camino, y tengo la esperanza de que las haya encontrado útiles. Estamos aprendiendo juntos.

No obstante, comprendo que este libro no puede tratar cada situación que usted pueda enfrentar. Ningún libro puede hacer eso, porque hay demasiado que aprender, y nuestro mundo está cambiando constantemente. Como pastores, necesitamos continuamente capacitación, apoyo y estímulo. Una de las estrategias más valiosas que he descubierto para seguir creciendo, es la construcción de redes con otros pastores. Le invito a unirse a mí visitando www.stantoler.com, donde encontrará muchos recursos para el ministerio, entre ellos *Stan Toler's Leadership Newsletter,* mi carta electrónica mensual de mensaje para pastores y líderes de iglesias.

Pastor, usted está involucrado en la más alta de todas las vocaciones: el servicio al Señor Jesucristo. ¡Anímese! ¡Estamos sirviendo a un Reino que no puede fracasar! Sirvamos con gozo y determinación, hasta que Él venga.

Stan Toler
www.stantoler.com

El pastor STAN TOLER le invita reflexionar y ser inspirado cada día, en su labor como maestro, con sus devocionales diarios.

El pastor STAN TOLER le invita reflexionar y ser inspirado cada día, en su labor como líder, con sus devocionales diarios.